D1655135

GENUG KANN GENÜGEN
Plädoyer für einen frohen Verzicht

Achim Fey

GENUG KANN GENÜGEN

Plädoyer für einen frohen Verzicht

Achim Fey

Ein Buch aus dem WAGNER VERLAG

Korrektorat & Layout: Sandra Schmidt; www.text-theke.com
Umschlaggestaltung: kayserco@me.com

1. Auflage

ISBN: 978-3-86279-003-6

Bibliografische Information der Deutschen Nationalbibliothek:
Die Deutsche Nationalbibliothek verzeichnet diese Publikation in der Deutschen Nationalbibliografie; detaillierte bibliografische Daten sind im Internet über http://dnb.d-nb.de abrufbar.

Die Rechte für die deutsche Ausgabe liegen beim
Wagner Verlag GmbH,
Zum Wartturm 1, 63571 Gelnhausen.
© 2011, by Wagner Verlag GmbH, Gelnhausen
Schreiben Sie? Wir suchen Autoren, die gelesen werden wollen.

Über dieses Buch können Sie auf unserer Seite www.wagner-verlag.de
mehr erfahren!
www.podbuch.de
www.buecher.tv
www.buch-bestellen.de
www.wagner-verlag.de/presse.php
www.facebook.com/WagnerVerlag
Wir twittern ... www.twitter.com/wagnerverlag

Das Werk ist einschließlich aller seiner Teile urheberrechtlich geschützt. Jede Verwertung und Vervielfältigung des Werkes ist ohne Zustimmung des Verlages unzulässig und strafbar. Alle Rechte, auch die des auszugsweisen Nachdrucks und der Übersetzung, sind vorbehalten! Ohne ausdrückliche schriftliche Erlaubnis des Verlages darf das Werk, auch nicht Teile daraus, weder reproduziert, übertragen noch kopiert werden, wie zum Beispiel manuell oder mithilfe elektronischer und mechanischer Systeme inklusive Fotokopieren, Bandaufzeichnung und Datenspeicherung.
Zuwiderhandlung verpflichtet zu Schadenersatz.
Wagner Verlag ist eine eingetragene Marke.
Alle im Buch enthaltenen Angaben, Ergebnisse usw. wurden vom Autor nach bestem Wissen erstellt. Sie erfolgen ohne jegliche Verpflichtung oder Garantie des Verlages. Er übernimmt deshalb keinerlei Verantwortung und Haftung für etwa vorhandene Unrichtigkeiten.

Druck: dbusiness.de gmbh · 10409 Berlin

Inhaltsverzeichnis

Vorwort 9
Einleitung 13
Die Übersättigung 20
Rutsch in die Kulturkrise 29
Das Schuldendesaster – Die nächste Blase 37
Ohne Alternative: Nachhaltigkeit und Suffizienz ... 42
Aussteigen – Vernunft kontra Gier und Karriere ... 52
Diogenes und Gottfried 59
Die Blender – Warum wir so viel brauchen sollen ... 65
Anne 72
Integration von Herz und Kopf – Alternative Gemeinschaften 78
Entschleunigung und Selbstbegrenzung 88
Die Befreiung – Was wir alles nicht brauchen 94
Aktiv sein – berauschend, preiswert und gesund ... 104
Ideale – Rüstzeug der Genügsamkeit 111
   Schutz von Klima und Natur 112
   Zeit 115
   Soziales Handeln 117
   Autarkie 119
   Anstand und Maß 122
   Gelassenheit 124
   Regionalität 126
   Warenqualität 128
Der Garten – Erlebnis und Traum 132
Grünes Wachstum – Das überforderte Wirtschaftskind .. 139
Wirtschaft ohne Wachstum 145
Der Aufklärer – Bildung und öffentlicher Diskurs ... 154
Das bessere Leben 160

Vorwort

Zum Ende des Jahres 2008 erbebte das Weltfinanzsystem in seiner größten Krise seit fast 80 Jahren. Ausgelöst vom verantwortungslosen Zocken abgehobener Investmentbanker, wurden in ihrem Verlauf Billionenwerte vernichtet. Die Schockwellen brachten viele große Volkswirtschaften ins Trudeln, Millionen Menschen verloren ihre Arbeitsplätze, ihre Häuser, ihre Ersparnisse. Über Jahrzehnte werden sich die Folgen auf die Staats- und Privathaushalte sowie auf viele Firmenbilanzen auswirken.

Gleichzeitig machen Wissenschaftler der Menschheit immer klarer bewusst, dass sie ihren verschwenderischen und zerstörerischen Lebensstil nicht mehr lange weiterführen kann und darf. Den Ökosystemen unseres Planeten drohen in absehbarer Zeit irreparable Schäden. Unseren eigenen Nachfahren hinterlassen wir nicht nur gigantische Schuldenberge, sondern auch eine geplünderte, vielfach verarmte Lebenswelt.

Das Zusammentreffen der ökologischen Krise mit der Finanz- und Wirtschaftskrise ist mehr als ein Menetekel. Es wird von vielen als ernste Kulturkrise empfunden, die zu einer deutlichen Zäsur unseres Wohlstandsdenkens und unserer Lebensweise führen kann. Politik und Wirtschaft werden in Zukunft ihr Wachstumsstreben korrigieren müssen, die Menschen ihre persönlichen Ziele und Gewohnheiten. Alle Indikatoren deuten darauf hin, dass Nachhaltigkeit und Bescheidenheit unser Leben und Wirtschaften künftig bestimmen müssen.

Zukunftsforscher und Philosophen, Soziologen, Umweltexperten und auch Ökonomen kommen zu dem Schluss: Eine Mäßigung und Minderung beim Produzieren und Verbrauchen wird nicht zu umgehen sein. Bei den Recherchen zu diesem Buch habe ich mich mit den Analysen und Vorschlägen dieser Fachleute beschäftigt und beziehe mich in meinen Ausführungen vielfach auf sie. Es scheint notwendig, ihnen Gehör zu verschaffen, weil die Mächtigen der Gesellschaft die Mahnungen ignorieren und verfehlte Strategien verfolgen.

Die Forscher der Nachhaltigkeit haben das globale Dilemma der Menschheit treffend beschrieben. Die beachtlichen Publikationen der vergangenen Jahre überzeugen, weil sie das komplexe Thema in seiner ganzen Vernetzung betrachten und zudem in einer Sprache vermitteln, die jeder versteht. Nur eines fällt den Theoretikern naturgemäß schwer, insbesondere bei einem unbeliebten Thema wie Suffizienz: den Menschen für ihren praktischen Alltag schlüssige Verhaltenskonzepte anzubieten und sie dafür zu begeistern.

Das Problem ist: Die Abkehr von Verschwendung und Überfluss verlangt von nicht wenigen auch Verzicht und Einschränkung. Das aber begreifen viele als Verlust, als etwas Negatives. Die Menschen sind über Jahrzehnte auf das Besitzstreben gepolt worden. Fordert man jetzt Mäßigung, werden viele ihre persönliche Identität bedroht sehen und eine Verweigerungshaltung einnehmen.

Diese Blockade aufzulösen, ist eine zentrale Absicht des vorliegenden Buchs. Ich will zeigen, dass Verzicht auch als Befreiung, Erleichterung, als Gewinn und Vereinfachung des Lebens verstanden werden kann. Genügsamkeit hat viele positive Seiten, kann uns reich belohnen. Verschüttete Erlebnisqualitäten und erfüllende, nichtmaterielle Lebensziele lassen sich entdecken. Dies sind keine Behauptungen, die der rosaroten Theorie eines Schönfärbers entstammen. Es sind vielmehr Erkenntnisse eines Praktikers, der sich schon vor vielen Jahren von den Verheißungen der bunten Warenwelt sowie dem Streben nach Karriere, Statussymbolen und Bequemlichkeit ein Stück weit entfernt hat. Aus dieser Entfernung ist zu erkennen, dass sich die überfütterte, übertechnisierte Gesellschaft in einer Sackgasse festgefahren hat. Wem Konsum als universaler Problemlöser lange genug verordnet wird, der hat in Zeiten knapper Kassen große Probleme: Verwirrung, Mutlosigkeit und das Fehlen von tauglichen Idealen werden offenbar.

Ich hoffe, den Lesern meines Buchs Mut und Neugier auf alternative, zukunftsfähige Lebensentwürfe vermitteln zu können.
Mein Dank für Unterstützung gebührt meiner Familie, insbesondere meiner Tochter Yvonne und meiner Schwester Cornelia Shet für die Fertigung der Zeichnungen sowie meinem Sohn Jonas für die Zuarbeit bei der Recherche. Danken möchte ich außerdem meinen Freunden und Kollegen Felix Meininghaus, Andreas Mittrenga und Hans-Georg Bodien für das kritische Gegenlesen und Kommentieren meines Manuskripts.

Herbst 2010
Der Verfasser

Einleitung

Der Planet ist überfüllt, wir haben uns zu breit gemacht, sind zu tief eingedrungen in die Ordnung der Dinge. Wir haben zu viel Gleichgewicht zerstört, haben zu viele Arten schon jetzt zum Verlöschen verurteilt. Technik und Naturwissenschaften haben uns von Beherrschten zu Herrschern der Natur gemacht. Darf die moralische Natur des Menschen das zulassen? Sind wir jetzt nicht aufgerufen zu einer ganz neuen Art von Pflicht, zu etwas, das es früher nicht gab – Verantwortung zu übernehmen für künftige Generationen und den Zustand der Natur auf der Erde?

Hans Jonas

„Haste was, dann biste was!" – Diese Wirtschaftswunder-Weisheit begleitete uns in den 60er-Jahren jeden Tag zur Schule. Sie prangte als Werbebotschaft auf den Kunststoffhüllen unserer Hefte. Die örtliche Sparkasse hatte die Umschläge gespendet, das Motto spiegelte den damaligen Zeitgeist. Streben nach Konsum und Wohlstand war die Klammer der Gesellschaft. Es entfachte einen Wettbewerb nach materiellen Gütern, den die Werbebranche im Gleichschritt mit der Konsumgüterindustrie bis heute befeuert.

Waren die Grundbedürfnisse gesättigt, wurden Wünsche nach Statussymbolen und Luxusgütern geweckt. Schließlich folgte der Drang, sich den in immer kürzeren Abständen angebotenen Neuerungen in den Bereichen Unterhaltungselektronik und Computerwelt nicht entziehen zu können. Wer „Halt" schrie, war ein Spielverderber. Denn man hatte einen Status gegenüber Nachbarn, Freunden und Verwandten zu beweisen. Dieser Status gründete auf Besitz und stiftete die persönliche Identität. Welch eine perverse Logik! Wer nichts hatte, war ein *Nichts*. War nicht der Philosoph René Descartes vor fast 400 Jahren schon zu dem Schluss gekommen, dass wir (etwas) sind, weil wir denken? Im Licht dieser Erkenntnis erscheint der Konsumismus als oberflächliches Rattenrennen.

Erste massive Zweifel daran, der Kaufrausch könne Lebenssinn sein oder gar Glück vermitteln, kamen der aufmüpfigen Jugend Ende der 60er-Jahre. Sie führten bei einigen zu einer partiellen Konsumverweigerung, was aber eine vorübergehende Episode war. Zu stark war der Mainstream einer Gesellschaft, die diese Aussteiger schließlich als *Individualisten* assimilierte. Inzwischen zu Geld gekommen, konnten dieser Klientel in den restaurativen 80er-Jahren neuartige Konsumangebote gemacht werden. Man reiste in die Toskana und verzehrte daheim natives Olivenöl, die Esoterikwelle schuf neue Geschäftsfelder.

Die aktuelle Krise des Kapitalismus aber wird weit größere Verwerfungen zeitigen. Diesmal wurde das System nicht von einer ohnmächtigen Randgruppe angegriffen, sondern verfaulte aus dem Zentrum heraus. Mit unvorstellbaren Milliardensummen wurde die Fäulnis bekämpft, aber keiner weiß, ob sie definitiv gestoppt ist. Oder ob hier nicht eine gefährlich falsche Arznei verordnet worden ist, eine, die den nächsten Kollaps begründet.

Ein neues, stimmiges und praktikables System ist nicht greifbar. Ernstgemeinte Vorschläge müssen also darauf zielen, zunächst innerhalb der bestehenden Schranken und Gesetze neues Denken und Handeln zu erproben. Mir scheint, dass der persönliche Bereich des Einzelnen hierfür das beste Übungsfeld ist. Hier lässt sich in einer freiheitlichen Gesellschaft, die staatlichen Dirigismus ablehnt, am ehesten eine aus Einsicht entstandene Ethik der Verantwortlichkeit und Genügsamkeit entwickeln.

Verzicht zu predigen, ist unpopulär. Politiker und Wirtschaftsleute wären mit einem solchen Vorhaben zudem völlig unglaubwürdig und würden ihre Position schnell verlieren. Also kann eine zukunftskompatible Ethik nur durch bewusstes und überzeugtes Vorleben an der Basis, in der Familie und im persönlichen Umfeld, wirklich entstehen und sich in der Folge ausbreiten.

Ein mehrheitlicher Konsens über einen solchen Sittenkodex braucht lange Jahre Zeit. Nur ist zu befürchten, dass eine gierige, auf stete Expansion fixierte Menschheit nicht mehr jene zweieinhalb Jahrhunderte Zeit hat, die es etwa brauchte, bis die humanistischen Ideale eines Erasmus von Rotterdam in Form der Menschenrechte Eingang in die ersten Staatsverfassungen fanden. Denn die Zerstörung der natürlichen Lebensgrundlagen schreitet in atemraubendem Tempo voran.

Es ist heute gar keine Frage mehr, dass der Mensch der Zukunft in einer radikal verarmten Umwelt wird leben müssen. Der Artenschwund in der Tier- und Pflanzenwelt hat katastrophale Ausmaße erreicht. Die Meere werden tatsächlich in absehbarer Zeit so gut wie leergefischt sein, was dramatische Ernährungskrisen in vielen Ländern bringen wird. Der Klimawandel wird viele Regionen der Erde unbewohnbar machen und Wetterextreme überall auf dem Globus befördern. Immer schneller werden die verbliebenen Bodenschätze geplündert, seit aufstrebende Nationen den verschwenderischen Lebensstil des Westens kopieren wollen. Die Landwirtschaft präsentiert sich als angewandte Chemie und produziert Nahrung, die wenig schmeckt, mit vielen Rückständen belastet ist und deshalb Krankheiten wie etwa Allergien auslöst.

Welch ein düsteres Szenario! Natürlich kann der Mensch noch eine Weile auf diesem Vulkan tanzen. Aber je später er sich besinnt, umso schmerzhafter wird die Umkehr. Die Hoffnung auf Wandel soll freilich bestehen bleiben, denn ich will mit diesem Buch keine Anleitung zum Unglücklichsein vorlegen. Doch es ist bald an der Zeit, der Hoffnung in der Praxis neue Nahrung zu geben. Dazu gehört zweifellos auch, dass es der Menschheit gelingt, in absehbarer Zeit das Bevölkerungswachstum zu stoppen und umzukehren.

Dies ist die vielleicht zentralste Aufgabe der Weltpolitik. Ohne ihr Gelingen wird eine erhöhte Bereitschaft des Einzelnen zu mehr Bescheidenheit langfristig verpuffen, weil das große Ganze die Bemühungen vernichtet.

Für unseren konkreten Alltag freilich bedeutet materielle Einschränkung so mancherlei Gewinn, auch wenn sich dies zunächst paradox anhört. Wenn wir unseren Konsum reduzieren (wie dies geht, dazu will ich später Vorschläge machen), müssen wir nicht mehr so vielen Stunden bezahlter Arbeit nachgehen, können unsere Stelle vielleicht sogar mit jemandem teilen. So ließe sich auch gleich der Effekt abfedern, dass natürlich infolge von zunehmender Konsumunlust zahlreiche Arbeitsplätze wegfallen würden.

Mit unserer so dazugewonnenen Zeit lässt sich nun eine Menge machen, was sicherlich auch erst gelernt und geschätzt werden will. Wir hätten mehr Zeit für Familie und Freunde, für Weiterbildung, für kreative Freizeitbeschäftigung, Hobbys und vieles mehr. Wir könnten die Zeit auch nutzen, um uns im eigenen oder gepachteten Gärtchen selbst mit einem Großteil unseres Obst- und Gemüsebedarfs einzudecken. Dies zum Beispiel würde unsere Geldausgaben reduzieren, uns mit schmackhafter Nahrung versorgen und uns obendrein viel Bewegung an der frischen Luft verschaffen, wodurch wiederum der Gang ins Fitnessstudio oder das Joggen entfallen könnten. Kurzum: Es eröffnen sich viele Möglichkeiten, das Leben selbstbestimmter und zufriedenstellender zu gestalten. Der Verzicht auf bestimmte materielle Güter (von denen man doch so manche nicht wirklich braucht, oder?) wird durch die hinzugewonnene Lebensqualität mehr als kompensiert.

Sich selbst mehr Zeit zu verschaffen und diese schöpferisch zu nutzen, ohne noch häufiger vor irgendwelchen Bildschirmen oder auf der Couch abzuhängen, lässt sich leichter lernen, wenn man sich den mannigfachen Gewinn vergegenwärtigt. Bescheidener und gleichzeitig glücklicher zu leben – wie dies funktionieren kann, davon soll dieses Buch handeln.

Es wird in ihm aber nicht nur um das enge persönliche Lebensumfeld und seine Veränderung gehen. Mein Ziel ist auch, die Ursachen, Umstände und Folgen der momentanen Kulturkrise zumindest ansatzweise aufzuzeigen. Schließlich habe ich versucht, die Notwendigkeit und Unvermeidbarkeit einer Konsumminderung in ihren sozialen, wirtschaftlichen und politischen Aspekten zu beleuchten.

Meine Ausführungen sollen Denkanstöße liefern zu einer überfälligen gesellschaftlichen Debatte über unsere künftigen gemeinsamen Werte, Normen und Ziele. Sie sollen im Sinne der altgriechischen Denker ein kleiner Beitrag sein zu einer Philosophie des besseren Lebens, der zukunftskompatiblen Lebensführung.

Es ist mir wichtig, noch auf Folgendes hinzuweisen: Ich schätze es, in einer freiheitlichen Gesellschaft zu leben und hoffe, dass uns dieser Wert noch möglichst lange erhalten bleibt. Ich möchte niemanden gegen seinen Willen zu einer anderen Lebensweise bekehren. Jedoch sehe ich es als zwangsläufig, als unvermeidlich an, dass es einen deutlichen Wohlstandsverlust geben wird und die reichen westlichen Gesellschaften ihre verschwenderischen Sitten korrigieren müssen. Meine Ausführungen sollen dem Verstehen und der Akzeptanz dieses Wandlungsprozesses dienen. Sie sollen helfen, das Ende der Wachstumskultur und seine Folgen im persönlichen Bereich abzufedern, besser zu meistern.

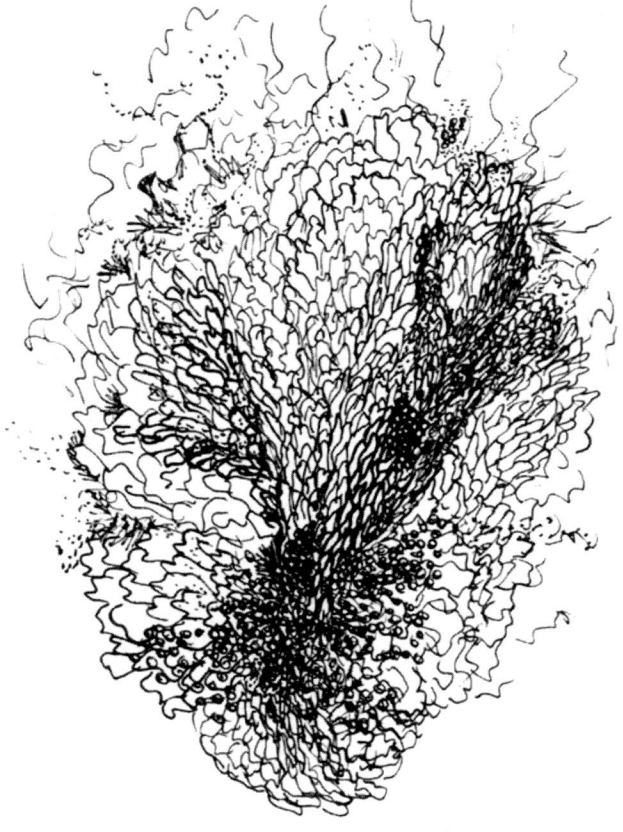

Die Übersättigung

Jeder zweite Deutsche schleppt augenscheinlich ein deutliches Übergewicht durch sein Erwachsenenleben. Es belastet ihn körperlich wie seelisch, macht krank und ist das evidente Sinnbild der Überflusskultur. Ursprünglich war der Konsum schlicht dazu da, das Überleben des Menschen zu gewährleisten. Unsere Zeit hat ihn zum Selbstzweck gemacht, zum allfälligen Problemlöser, zum Event. Wir ersticken in Ramsch und Rummel, verblöden auf 30 Fernsehkanälen. Sechs verschiedene kostenlose Anzeigenzeitungen verstopfen allwöchentlich unseren Briefkasten, das Faxgerät spuckt permanent unerwünschte Angebote aus und besorgt den Herstellern der teuren Druckfolien glänzende Geschäfte. Die Telefonwerbung nervt und zwingt einen immer wieder zur Selbstbeherrschung.

Der Kompass für das gesunde Maß scheint verloren gegangen. Orientierungslos rudern wir im Strudel des Konsumautomatismus. Immer weiter, immer schneller, immer höher. Diese geistlose Devise des Leistungssports ist zur Leitplanke der Gesamtgesellschaft mutiert. Hybris und Gier, so schreibt der Philosoph Peter Sloterdijk, hätten zu einer „Entgrenzung aller Skalen nach oben" geführt.

Stetig mehr und neue Dinge wollen erstrebt werden; immer größer sollen die Wohnungen, die Autos, die Bildschirme und die Einkommen werden. So ist die Wohnfläche je Einwohner in den alten Bundesländern von 1960 bis heute von 15 auf über 40 Quadratmeter angestiegen.

„Die Art und Weise, wie Deutsche ihre Grundbedürfnisse nach Essen, Wohnen und Mobilität befriedigen, muss überdacht und von Grund auf geändert werden, das betrifft besonders die gehobenen sozialen Milieus", fordert das Wuppertal Institut für Klima, Umwelt, Energie in seiner Studie „Zukunftsfähiges Deutschland in einer globalisierten Welt". In jedem einzelnen der drei genannten Bedürfnisfelder beanspruche Deutschland bereits „so viel globale Umwelt, wie ihm gerechterweise insgesamt zur Verfügung stünde."

Zu viel und zu fett essen, dieser Reflex auf die Hungerjahre nach dem Zweiten Weltkrieg ist zu einer Konstante der deutschen Esskultur geraten. Durchschnittlich aßen die Bundesbürger im Jahre 2006 1.100 Gramm Fleisch und Wurst pro Woche. Das war rund dreimal so viel wie im Jahre 1950. Rechnet man beim aktuellen Fleischverzehr noch die Vegetarier, die Fastenden und die Säuglinge heraus, so lässt sich grob bilanzieren: Im Schnitt essen die Deutschen ein halbes Pfund Fleisch am Tag. Viel zu viel, meint die Deutsche Gesellschaft für Ernährung – sie empfiehlt einen Verzehr von 300 bis 600 Gramm (je nach Konstitution) Fleisch und Wurst *pro Woche*.

Der Drang der Bundesbürger nach mehr Mobilität ist schier unstillbar. Allen Mahnungen der Umwelt- und Gesundheitsbewegten trotzend, mehr zu Fuß zu gehen oder Rad zu fahren, nimmt der Pkw-Bestand stetig zu. Von 1997 bis 2007 stieg die Zahl der Autos in unserem Lande von 41 auf 46 Millionen – und das trotz stagnierender Bevölkerungszahl. Noch weit gravierender ist die Ausweitung des Flugverkehrs, der bei der Klimaschädigung bekanntlich eine starke Rolle spielt: Zwischen 1990 und 2006 stieg die Zahl der Passagiere, die von deutschen Airports ins Ausland flogen, von jährlich 24 auf 66 Millionen.

Der Raubzug des Homo sapiens unter dem Banner des Konsums ist gerade dabei, auf neues Terrain vorzustoßen. Gierig und mit dubiosen Methoden sichern sich seit wenigen Jahren reiche Nationen, Investmentfonds und Banken große Ackerflächen in den armen Ländern Afrikas und Asiens. Regierungen und Investoren aus den ohnehin schon satten Weltgegenden – darunter vor allem die reichen Golfstaaten, China, Japan, Südkorea, die USA – kaufen oder pachten zu Dumpingpreisen Millionen von Hektar fruchtbares Land weit jenseits der eigenen Grenzen. Die moderne Landnahme, von Experten als Neokolonialismus angeprangert, spekuliert mit der erwarteten weltweiten Verknappung von Nahrungsmitteln als Folge von Klimawandel und Bevölkerungswachstum.

Das „Milliarden-Monopoly" (Der Spiegel) sichert Versorgung und Profit in den reichen Nationen, und es verschärft Armut und Hunger in den Geberländern. Denn dort, etwa in Laos, Kambodscha, Sudan, Mosambik, Kongo oder Uganda, wo ohnehin schon Hunger herrscht, werden „Kleinbauern von ihrem Land vertrieben, um Platz zu machen für die neue industrielle Agrarwirtschaft", wie die Süddeutsche Zeitung (SZ) berichtet. Korrupte Regierungen und Regimes würden sich an den Verträgen bereichern, das Volk habe meist wenig davon.

Die Gefahr ist also groß, dass Gier und Futterneid die Kluft zwischen der sogenannten Ersten und der Dritten

Welt weiter vertiefen. Langfristig, so mutmaßt Petra Steinberger in der SZ, könne eine solche Politik „in soziale und ökologische Katastrophen führen". Menschen würden auf Dauer wohl kaum zusehen, wie die Erträge ihres eigenen Bodens außer Landes gebracht werden, während sie selbst Hunger leiden. „Wird das heimische Militär die fremden Investoren dann vor der eigenen Bevölkerung schützen?"

Die westlichen Wohlstandsgesellschaften haben derweil einen obszönen Überfluss zum Standard erhoben. Die Regale der Supermärkte quellen über. Wer dort ein Pfund Kaffee oder ein Päckchen Waschpulver holen will, muss sich zwischen zwanzig Marken entscheiden. Bei einem solchen Angebot kaufen wir viel mehr als wir brauchen, weil der Konsum inzwischen mehrere Funktionen hat, mancherlei Bedürfnisse ersatzweise befriedigt.

In den wohlhabenden Ländern landet heute rund ein Drittel der verkauften Lebensmittel auf dem Müll. In Deutschland werden auf diese Weise nach Angaben von Verbraucherministerin Ilse Aigner pro Jahr etwa 20 Millionen Tonnen Essen verschwendet. „Wir haben heute mehr zu essen, mehr Kleider im Schrank, fahren mehr Auto, leben in komfortableren Wohnungen", konstatiert der britische Ökonom Richard Layard, „dennoch sind wir nicht glücklicher."

Die Überfütterung stopft alle Lebensbereiche. Einer Krake gleich holt sie sich dafür unsere Zeit, unser Geld, unsere Arbeitskraft. Überfüttert wird der moderne Mensch auch mit Daten und Informationen. Computernutzer ertrinken geradezu in einer Datenflut. Und sie müssen dafür auch noch einen hohen Preis zahlen: Ihr selbständiges Denken, ihre Urteilskraft, ihre Unabhängigkeit sind akut bedroht. „Mein Kopf kommt nicht mehr mit", bekennt der Autor und FAZ-Mitherausgeber Frank Schirrmacher in seinem jüngsten Buch. Er sei gewiss kein „Amish des Internet-Zeitalters" und habe sich von Computern nie überfordert gefühlt, schreibt Schirrmacher. Seine Erkenntnisse freilich klingen dramatisch, ja, sie künden von einem kulturellen Debakel: „Wir werden aufgefressen werden von der Angst, etwas zu verpassen, und von dem Zwang, jede Information zu konsumieren. Wir werden das selbständige Denken verlernen, weil wir nicht mehr wissen, was wichtig ist und was nicht. Und wir werden uns in fast allen Bereichen der autoritären Herrschaft der Maschinen unterwerfen."

Der globale Verbrauch von Erdöl hat seit 1990 um über 25 Prozent zugenommen, der Gasverbrauch sogar um über die Hälfte. Entsprechend gestiegen sind somit auch die Kohlendioxid-Emissionen, obwohl sich die Regierungen der Industriestaaten seit der UNO-Umweltkonferenz 1992 in Rio de Janeiro vorgeblich um eine Reduzierung der Treibhausgase bemühen. Der weltweite Verbrauch von Wasser, dem wichtigsten Lebensmittel, hat sich in den vergangenen 60 Jahren verdoppelt. Auch dazu beigetragen hat der enorm gestiegene Fleischkonsum: Um ein Kilogramm Rindfleisch herzustellen, werden über 15.000 Liter Wasser verbraucht.

Der Automatismus des stetig expandierenden Wohlstands hat ein galoppierendes Anspruchsdenken bei den Menschen entfacht. Sie haben sich über Jahrzehnte daran gewöhnt, sich regelmäßig etwas Neues, Schöneres, Größeres leisten zu können. Spülmaschinen, Wäschetrockner, Mikrowellenherde, Computer, Zweitwagen, jährliche Fernreisen – all das und noch viel mehr ist doch inzwischen selbstverständlich für vermutlich zwei Drittel der deutschen Bevölkerung. Als neueste Konsumhits schwappen gegenwärtig Klimaanlagen und gigantische Fernseh-Bildschirme in die deutschen Wohnzimmer. Der Schwall der Dinge und Verlockungen birgt eine unterschätzte, oft gar nicht erkannte Gefahr: Der Mensch gewöhnt sich schnell an den materiellen Luxus, weil seine Haben-Mentalität und sein Hang zur Bequemlichkeit befriedigt werden. Dies soll später noch näher betrachtet werden. Schon bald nach dem Erwerb einer neuen Sache können und wollen sich die meisten das Leben nicht mehr ohne die Neuerung vorstellen. Bei meinen eigenen Kindern beobachte ich zuweilen eine gewisse Hilflosigkeit, wenn es darum geht, einmal ohne ein liebgewonnenes Hilfsmittel der modernen Zeit, ohne eine neuere Technik auszukommen. Man tut sich schwer, auf die Standardausstattung zu verzichten. Aber der heutige Standard ist aufgebläht, die Ansprüche sind explodiert. Die Grenze zur Vermessenheit verschwimmt, sie unbewusst zu überschreiten, ist zur Regel geworden.

Ein Beispiel mag den Verlust unseres inneren Kompasses veranschaulichen. Der Fall dokumentiert ein für meine Begriffe völlig entrücktes Anspruchsdenken. Die Geschichte fand ich in einer Zeitungsmeldung im August 2009: „Kein Geld für hohe Wellen im Urlaub", lautete die Überschrift. Berichtet wurde von einem Familienvater aus Wiesbaden, der mit den Seinen für 27.000 Euro einen zweiwöchigen Urlaub auf den Seychellen verbracht hatte. Wieder daheim, wollte er vom Reiseveranstalter die Rückzahlung von einem Viertel der Kosten vor Gericht erstreiten. Wegen des stürmischen Wetters seien am Urlaubsort Baden und Schnorcheln unmöglich gewesen, argumentierte der Mann. Somit sei ihm ein erheblicher Schaden entstanden. Der Richter mag sich Augen und Ohren gerieben haben. Selbstverständlich lehnte er das Begehren des Klägers ab und verwies auf ein natürliches Risiko von Wind und Wetter.

Zu den Zeiten des westdeutschen Wirtschaftswunders verhieß Wachstum ein besseres Leben. Es wurde zum obersten und unveräußerlichen Ziel der Wirtschaftspolitik deklariert, war gleichsam das Synonym für Wohlstand und Fortschritt. Wachstum schaffe Arbeitsplätze, soziale Sicherheit und Wohlstand für alle – so laute, befand „Der Spiegel" kurz vor der Bundestagswahl im Herbst 2009, noch immer „das Evangelium der Wirtschaftspolitik", verkündet wurde es im Wahlkampf auf jedem Marktplatz der Republik. „Doch die frohe Botschaft", so das Magazin weiter, „hat einiges an Strahlkraft verloren." Denn die Folgen des fortwährenden Strebens nach mehr Besitz und Profit treten inzwischen sehr klar zu Tage. So wird die Frage immer lauter gestellt, ob bereits übersättigte Konsumenten ständig noch mehr verbrauchen und wegwerfen sollen. Als Konsequenz unseres unmäßigen Lebensstils konstatierte unlängst die Journalistin Elke Schmitter eine „Ausweidung und Verschrottung der Natur".

Die Regenerationsfähigkeit unseres Planeten, das ist unstrittig, wird mittlerweile überstrapaziert. Schon heute, so haben Forscher herausgefunden, benötige die Menschheit rechnerisch 1,3 Planeten Erde, um ihren Lebensstil zu halten. Und wenn alle so verschwenderisch lebten wie die US-Amerikaner, seien sogar fünf Planeten nötig. „Im begrenzten System Erde kann die Wirtschaft offensichtlich nicht grenzenlos wachsen, das ist der ökologische Grundwiderspruch in der Wachstumslogik", stellte der Bericht kategorisch klar.

Vor dieser Erkenntnis werden in den Gestaltungszentren unserer Gesellschaft, also in Politik und Wirtschaft, weiterhin die Augen verschlossen. Nur zaghaft kommt von wenigen Experten und Persönlichkeiten des öffentlichen Lebens Einspruch in dieser Causa. Jedoch stehen diese entweder über dem politischen Tagesgeschäft (wie anno 2009 der damalige Bundespräsident Köhler) oder sie sind nicht mehr in politischer Verantwortung und können deshalb Klartext reden. Zu letzteren gehört der CDU-Politiker Kurt Biedenkopf, ein Wirtschaftsprofessor, der lange Jahre Ministerpräsident von Sachsen war. Unmissverständlich sagte er in einem Interview im Juli 2009: „Wir haben uns in eine Falle manövriert. Es gibt nur eine Schlussfolgerung: Wir müssen unseren Lebensstil ändern." Für einen Konservativen überaus drastisch stellte er fest: „Die Krise ist nicht vorbei, vor allem sind ihre Ursachen nicht beseitigt. Die Industrieländer folgen seit mindestens drei Jahrzehnten einem verfehlten Wachstumsbegriff. Das Wachstum ist zum Fetisch geworden, mit all den irrationalen Konsequenzen, die wir heute als

Ausbeutung der Umwelt, Zerstörung des Klimas und Belastung nachfolgender Generationen erleben."

Als Konsequenz fordert Biedenkopf etwas, das die heute Regierenden offensichtlich überfordert und gänzlich auf dem falschen Fuß erwischt: „Wir brauchen eine grundlegend andere Politik. Das 21. Jahrhundert muss ein Jahrhundert der Bescheidenheit werden. Was wachsen muss, ist die Intelligenz, mit der wir unser Leben und unser Land organisieren, und seine Fähigkeit zur Begrenzung."

Rutsch in die Kulturkrise

Horst Köhler war ein erstaunlicher Bundespräsident. Zwar gehörte er der politischen Kaste an, aber sie behagte ihm nicht. Manchmal verachtete er sie. Und so sagte er für einen Politiker erstaunliche Dinge. „Wir haben über unsere Verhältnisse gelebt", bekannte er kategorisch im März 2009 in seiner bis dahin meistbeachteten Rede. Er rüttelte heftig an einem politischen Dogma: „Wir haben uns eingeredet, permanentes Wirtschaftswachstum sei die Antwort auf alle Fragen."

Eine solche These zu vertreten, war mutig, schließlich begab sich der Präsident mit solchen Äußerungen auf ein Minenfeld. Denn der gesamte politische Betrieb fußt auf dem Prinzip Wirtschaftswachstum. So gibt Wachstum Politikern Planungssicherheit. Es ist die Versicherung ihrer persönlichen Karriere. Um an die Macht zu gelangen, geben Politiker und Parteien Versprechen und Ziele aus, deren Umsetzung zwar vielen Menschen gefällt, aber auch neue Schuldenberge auftürmt. Es werden gewaltige Wechsel auf die Zukunft ausgestellt, um die Probleme der Gegenwart zu lösen und Machtziele zu erreichen. In diesem Prozess wird Wirtschaftswachstum unentbehrlich. Es vermeidet soziale Spannungen, „macht Umverteilung unnötig und verhindert politischen Ärger", so der Journalist Wolfgang Uchatius im Wochenmagazin „Die Zeit". „Das ist der Grund, weshalb steigende Unternehmensumsätze das einzige politische Ziel sind, auf das sich weltweit alle Regierungschefs verständigen können."

Die Politik rennt in einem teuflischen Laufrad, das sich nicht abbremsen lässt. Und Abspringen scheint lebensgefährlich. Die Wachstumskultur ist gleichwohl todgeweiht. Das Vertrauen in die Geldwelt ist erschüttert, die natürlichen Ressourcen schrumpfen ihrem Ende entgegen, der Klimawandel beschleunigt den Niedergang. 15 Jahre noch, so prognostiziert der Volkswirt Niko Paech von der Universität Oldenburg, dann sind die ökologischen wie ökonomischen Wachstumsgrenzen erreicht: „In den vergangenen Jahrzehnten waren alle Energieträger und anderen Materialien extrem billig und scheinbar unendlich verfügbar. Das ist vorbei. Der Ressourcenhunger von Aufsteigernationen wie Indien, China, Brasilien oder Südafrika treibt die Preise der Rohstoffe nach oben. Das ist unumkehrbar. Sollte sich die Weltwirtschaft erholen und die Wachstumsrate der Ressourcennachfrage weiterhin höher sein als die Wachstumsrate der Fördermengen, kollabiert das Wohlstandsmodell. Nicht nur Benzin und Kerosin, sondern alle Produkte werden so teuer, dass es der Wirtschaft schwerfallen wird, noch zu wachsen."

Feinde in ihrem inneren Wesen bedrohen zusätzlich die Immer-mehr-Kultur. Sie verliert bei den Menschen an Attraktivität, wenn ein gewisses materielles Level erreicht ist. Zahlreiche Studien zur Glücksforschung fanden übereinstimmend heraus: Es macht den Menschen tatsächlich glücklich, wenn er sich einige Kaufwünsche erfüllen kann – aber nur, wenn er sehr wenig besitzt. Die Deutschen können sich heute im Durchschnitt dreimal so viel leisten wie vor 30 Jahren. Unverändert ist seitdem jedoch der Grad der Lebenszufriedenheit geblieben, fand beispielsweise das „Wuppertal Institut für Klima, Umwelt, Energie" heraus. Gar nicht mehr prickelnd ist ein anderes Produkt der Wachstumskultur: die Dekadenz. Eine Gesellschaft, die den Konsum zur Religion macht, verfettet und setzt ihre geistig-ethischen Werte aufs Spiel.

Es kann also nicht verwundern, dass die Erschütterungen der Finanz- und Wirtschaftskrise besonders in den reichen Ländern vielfach als Kulturkrise begriffen werden. „Eine Kultur der Unverantwortlichkeit hat sich entwickelt, die von Wall Street bis in unser Alltagsleben reicht", diagnostizierte Amerikas Präsident Barack Obama auf dem Finanzgipfeltreffen in London im Frühjahr 2009.

Aber die Krise verdeutlicht auch die Notwendigkeit und Chancen eines Umbruchs. Den Bankern und Börsianern gebührt dabei Dank, zumindest ein Quäntchen. Mit ihrem maßlosen Treiben haben sie die Faulstellen des Systems offengelegt. Sie, die Protagonisten der Gier, sind zu Beförderern eines neuen Bewusstseins geworden. Wider Willen zwar, aber es zählt das Ergebnis.

Zeitgleich mit dem Kollaps des Kommunismus Ende der 80er-Jahre hatte der Kapitalismus begonnen, seine Fesseln abzustreifen. „Deregulierung" und „finanzielle Innovation" lauteten seinerzeit in den USA die Schlagworte, mit denen die verhängnisvolle Finanzrallye eingeläutet wurde. Die damalige US-Regierung und vor allem der langjährige Zentralbankchef Alan Greenspan verfolgten eine Philosophie des radikal freien Marktes und drehten den Geldhahn immer weiter auf: Die Kontrollen für die

Kreditvergabe wurden vernachlässigt, die Eigenkapitalvorschriften für die Banken gelockert. In der Folge veränderte sich die Struktur des Finanzsystems zunächst in Amerika, dann weltweit. Die Renditejagd stand plötzlich im Zentrum des Geschäfts, nicht mehr die Versorgung der Wirtschaft mit Krediten.

„Die verwegen agierenden Finanzmeister in New York ließen sich immer wildere Produkte einfallen, mit immer undurchsichtigeren Namen und immer riskanteren Strukturen", schrieb das Magazin „Der Spiegel" in seiner Analyse „Die Schamlosen". Dazu weiter: „Die Investmentbanker lösten sich allmählich von der realen Welt, entschwanden in ein Paralleluniversum des Reichtums, der Maßlosigkeit und des unumstößlichen Glaubens an die eigene Unfehlbarkeit."

Die hemmungslosen Bankzocker kultivierten eine Gier, die nicht mehr überlebensbedingt war, sondern zum blanken Selbstzweck mutierte. Aber sie waren keine isolierte Täterschicht. Der Wohlstand hatte in den 80er-Jahren in den Industrieländern ein Niveau erreicht, das einen mächtigen Trend formte: die Individualisierung. Zunehmend ging es um die Befriedigung eines persönlichen Hedonismus, während sich die sozialen und kulturellen Gemeinschaftsbezüge auflösten. Familie, Vereine, politische Parteien, die Kirchen – alles verlor an Bindungskraft und Bedeutung. Die Lebensweisen der Menschen differenzierten aus; die gemeinsame Identität bestand vorwiegend noch im Willen, das Projekt Wohlstand fortzusetzen.
So kam es zu einer Gesellschaft der Ichlinge. Ihr Selbstbewusstsein drängte sie, ihren neuen Status finanziell zu

bestätigen. Das Zocken an den Börsen wurde in den 90er-Jahren zum Volkssport. Auch den Durchschnittsbürger infizierte die Renditegier. Nur in diesem politischen und gesellschaftlichen Klima, dieser Fetischisierung des Wachstums, war die Enthemmung der Finanzjongleure möglich. Eine „Goldgräberstimmung" habe damals „fast die gesamte Bevölkerung erfasst", erinnert sich der Autor und Manager Utz Claassen. Die Gier nach kurzfristigen Gewinnen sei spätestens in der Ära des Neuen Marktes zu einem breiten gesellschaftlichen Phänomen geworden: „Wer glaubte damals nicht, etwa durch Infineon- oder Telekom-Aktien, quasi über Nacht wohlhabend werden zu können? Erhebliche Zeichnungsgewinne in kürzester Zeit wurden zur gängigen Erwartung, und kaum jemand fragte, wie lange und wie nachhaltig so etwas eigentlich gut gehen kann."

Die Wurzeln der heutigen Kulturkrise reichen freilich viel weiter in die Vergangenheit zurück. Streng genommen rund 500 Jahre! Mit dem Einsetzen des Kolonialismus kam die expansive Wirtschafts- und Lebensweise der europäischen Neuzeit allmählich in Gang. Militärische Überlegenheit (Feuerwaffen) ermöglichte Eroberungen und Plünderungen fremder Kontinente. In Europa führte dies zu wirtschaftlichen, technischen und wissenschaftlichen Entwicklungssprüngen. Diese wiederum mündeten im 18. Jahrhundert in die industrielle Revolution und schließlich in die Ausbreitung des Industriekapitalismus.

„Die Dynamik der industriellen Produktion ist mitverantwortlich für die armutsbedingten Konflikte und hauptverantwortlich für die ökologischen Gefahren, die sich heute weltweit zuspitzen", schrieben der Philosoph Klaus-Michael Meyer-Abich und der Umweltpolitiker Michael Müller 1994 in einer gemeinsamen Analyse. Und weiter: „Durch die Unersättlichkeit des Waren- und Geldwachstums der reichen Industriestaaten und durch den großen Nachholbedarf der armen, bevölkerungsreichen Länder drohen die Erfolge von gestern zur Tragödie von morgen zu werden. Nun sind wir in den Industrieländern in globaler Verantwortung aufgefordert, dass der ‚europäische Gedanke von Vernunft und Aufklärung in Europa fortentwickelt' wird (Max Horkheimer). Es darf nicht mehr so weitergehen, denn es ist kein Wohlstand, wenn auch in unserer Gesellschaft ein Drittel nicht mehr mithalten kann. Wenn wir zu Lasten der Entwicklungsländer und zukünftiger Generationen leben. Und wenn wir schließlich der natürlichen Mitwelt den Lebensraum nehmen."

16 Jahre stehen diese Gedanken bereits auf Papier, und sie sind heute aktueller denn je. Die Verantwortlichen in Politik, Staat und Wirtschaft aber weigern sich, die Verwerfungen als System- oder Kulturkrise zu betrachten. Ihr Krisenmanagement hatte in den letzten Jahren als höchstes Ziel: Das Wirtschaftswachstum möge zurückkehren. Damit die gewohnten Strukturen bestehen bleiben und alles wieder so weitergehen kann wie vorher. Bescheiden ist in den obersten Etagen der Gesellschaft bislang allein der Krisen-Lerneffekt: Die Investment-Banker setzten ihre dubiosen Geschäftspraktiken nach kaum einem Jahr Pause fort, und unsere Regierung verteilte Steuergeschenke auf Pump.

Mit ihrem Tun verstoßen die Vertreter des Volkes gegen eine ihrer vornehmsten Aufgaben, nämlich Schaden von den Menschen abzuwenden. All die finanziellen Schutzschirme und Steuersenkungen mögen zwar kurzfristig die Probleme lindern. Der Zug der Zukunft aber fährt in die entgegengesetzte Richtung und benötigt ganz andere Signale. So bedrohlich und unlösbar scheinen die Megaprobleme der Zukunft, dass man sie lieber noch eine Weile wegblenden möchte, ganz nach der Devise von Groucho Marx: „Was kümmert mich die Nachwelt, hat die Nachwelt sich je um mich gekümmert?"
Unser gesamtes Zivilisationsmodell steht infrage, ja, am Abgrund. Wo sind die Expertisen, die schlüssigen Entwürfe für ein menschenwürdiges, sozial- und umweltverträgliches Leben im Jahre 2030? Zwangsläufig Fehlanzeige, behauptete der Sozialpsychologe Harald Welzer Anfang 2009 in seinem beachtlichen Aufsatz „Blindflug durch die Welt": „Gesellschaften, die die Erfüllung von Sinnbedürfnissen ausschließlich über Konsum befriedigen, haben in dem Augenblick, in dem mit einer funktionierenden Wirtschaft auch die Möglichkeit wegbricht, Identität, Sinn und Glücksgefühle zu kaufen, kein Netz, das ihren Fall aufhalten würde. Man wird nichts lösen können, wenn man sich die Frage nicht zumutet, wie man denn eigentlich in 10, 15, 20 Jahren leben möchte und was man dafür zu tun bereit wäre. Der Umbau einer Kultur, die von der irrigen Annahme ausgeht, man könne weitermachen wie bisher, ist freilich eine Aufgabe, die nur ein politisches Gemeinwesen lösen kann, das sich als solches versteht."

Von der Politik ist also in absehbarer Zeit kein großer Wurf zu erwarten. Sie ist erstarrt in ihren institutionellen Strukturen und ihrer Fixierung auf Wirtschaftswachstum. So bleibt die Hoffnung, der mündige Bürger möge alsbald den Veränderungsdruck spüren und im eigenen Alltag konsequent neue Verhaltensweisen erproben.

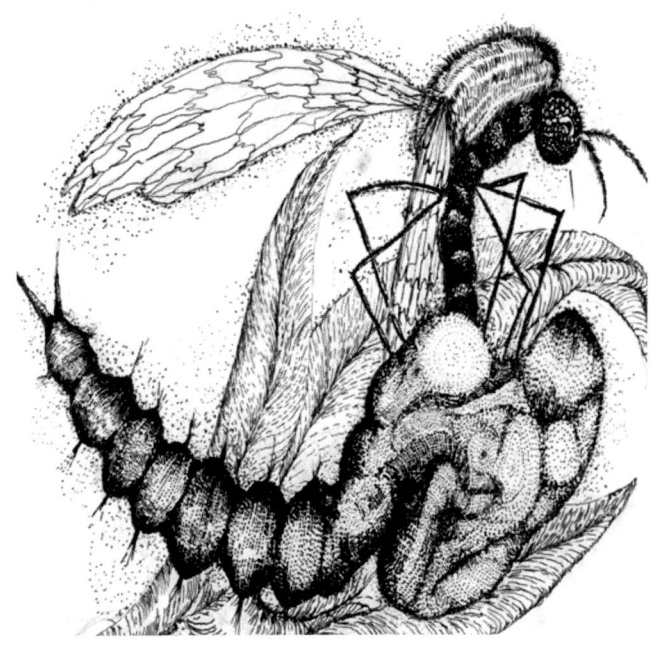

Das Schuldendesaster – Die nächste Blase

Langfristig ist die Zerstörung der natürlichen Lebensgrundlagen der klarste Ausdruck unserer Kulturkrise. Mittelfristig jedoch besitzt die enthemmte Schuldenpolitik des Staates die größte Sprengkraft, das größte Gefahrenpotential. Die Finanz- und Bankenkrise, die im Kern eine Schuldenkrise ist, wurde mit immer neuen, mit immer höheren Schulden bekämpft. Bei nicht wenigen Wirtschaftsexperten löste diese Strategie, die offenbar jedes verantwortbare Maß und jede Grenze überwunden hat, höchste Alarmstimmung aus.

Der von der deutschen Bundespolitik angehäufte Schuldenberg wuchs 2009 erstmals über die Grenze von einer Billion Euro. Rechnet man die Verbindlichkeiten der Bundesländer und der Städte und Gemeinden hinzu, gibt es in Deutschland Ende 2010 eine öffentliche Schuldenlast von knapp 2 Billionen Euro, also 2.000 Milliarden!

Diese expansive Kreditaufnahme wird die Gestaltungsmöglichkeiten von Politik und Staat bald drastisch verringern, weil der Schuldendienst, also das fortlaufende Bedienen von Zins und Tilgung, einen immer höheren Teil des Etats beansprucht. Die inzwischen gesetzlich verankerte *Schuldenbremse* wird die Spielräume weiter verengen. In ihrer Not kurbelte die Bundesregierung 2009 verzweifelt das Wirtschaftswachstum an – durch Konjunkturprogramme, die Abwrackprämie und Steuersenkungen. Dies freilich weitete die Verschuldung noch einmal exorbitant aus. Auf diese Weise verstricken sich Staat und Gesellschaft in einem fatalen Teufelskreis.

Mittelfristig – und das kann sehr wohl schon innerhalb der nächsten zehn Jahre passieren – droht der Kollaps. Eine weit schlimmere Finanz- und Wirtschaftskrise als jene, die im Jahre 2008 über uns kam, bahnt sich an. Durch die gigantischen Ausgaben für Bankenrettung und Konjunkturprogramme ist der Schuldenstand mit einem Schlag in eine Dimension katapultiert worden, von der viele Experten sagen: Sie ist nicht mehr beherrschbar. Die Politiker haben sich offenbar endgültig von der Vorstellung verabschiedet, dass diese Schulden jemals wieder abgetragen werden können.

Eindringlich warnte im Sommer 2009 der Ökonom Kurt Biedenkopf: „Das Risiko ist enorm. Wenn es nicht gelingt, die Staatsverschuldung zu begrenzen, kann sich eine neue weltweite Blase bilden, und zwar in allen Industrie- und Schwellenländern gleichzeitig: die Blase der Staatsverschuldung. Sie ist eindeutig die gefährlichste aller Blasen. Würde sie platzen, wären die Staaten selbst als Schuldner betroffen. Es gäbe keine Instanz mehr, auf die sie zurückgreifen könnten. Dann wäre die Katastrophe komplett."

Die Historie der Finanzwirtschaft kennt im Wesentlichen zwei Lösungswege für die außer Kontrolle geratene Staatsverschuldung: Inflation oder Krieg. Wenn man einmal unterstellt, dass es gelingen wird, die zweite Option zu verhindern, so schwindet doch spürbar der Optimismus in Bezug auf die Währungsstabilität. Wer Krise und Schulden „mit noch mehr Schulden, noch niedrigeren Zinsen und noch mehr Geld bekämpft", führe eine deutliche Geldentwertung herbei, orakelte „Die Welt" im Mai

2009. Tatsächlich gilt auch in den Vorstandsetagen der deutschen Wirtschaft das mittelfristige Aufziehen einer Inflation als wahrscheinlich. Selbst vorsichtige Konzernchefs, so ließ unlängst ein Insider durchblicken, sprächen inzwischen sehr deutlich von hyperinflationären Tendenzen bis hin zum „Worst Case", der Währungsreform.

Das Wachstumsstreben war schon an der Entstehung der Finanz- und Wirtschaftskrise ursächlich beteiligt. Über Jahrzehnte jazzte die Politik das Wirtschaftswachstum zum goldenen Kalb hoch, weil es das Regieren ungemein erleichtert. Es ermöglicht teure Versprechen an die Adresse der Bürger und Interessengruppen. Es sichert die Macht. Genau deshalb feiern die Regierenden das Wachstum als höchstes Gut. Es gilt als derart unverzichtbar, dass die Wirtschaftspolitik es seit den 70er-Jahren mit verschiedenen konjunkturfördernden Maßnahmen immer wieder ankurbelte. Dumm nur, dass diese Förderung auf Pump geschah und gigantische Staatsschulden erzeugte.

Wirtschaftswachstum mit stets neuen Schulden zu generieren, ist unverantwortlich. Denn die Schuldscheine sind so zahlreich, dass wir sie über Generationen an die Kinder und Enkel weiterreichen müssen. Und das ist nichts anderes als ein Verbrechen, ein übles Vergehen an unseren eigenen Nachfahren.

Die dafür in Politik, Wirtschaft und Medien Verantwortlichen seien „Geisterfahrer", meint Utz Claassen. In seinem jüngsten Buch äußert der Manager und Autor geradezu ketzerische Gedanken: „Die Behebung unserer Krise soll ganz offensichtlich von unseren Kindern bezahlt werden. Wie weit muss eine von Politik inzwischen recht desillusionierte Gesellschaft in ihrem politischen Schmerzempfinden abgestumpft sein, wenn darauf nicht mit einem Aufschrei reagiert wird? Wollen wir unsere Kinder schon im Ansatz zu einer Hartz-IV-Generation der Finanzmarktkrisenopfer machen?"

Zwei substanziell zweifelhafte, wenn nicht gänzlich falsche Vorgehensweisen prägen die Finanzpolitik der letzten Jahre. Erstens hat es die Regierung in den Jahren des Booms von 2004 bis 2007 versäumt, ernsthafte und effiziente Sparprogramme zu starten. Zwar wurde die Neuverschuldung des Bundes zurückgefahren, dennoch erhöhte sich in dieser Zeit der Gesamtschuldenstand. „Im Jahr der Steuerrekordeinnahmen und der Mehrwertsteuererhöhung 2007 hat die Große Koalition ihre Chance verschlafen", urteilt der Vorsitzende der Stiftung Marktwirtschaft, Michael Eilfort. Wie soll die destruktiv hohe Staatsverschuldung jemals verringert werden, wenn es nicht einmal in den besten Jahren gelingt?

Zweitens: Die staatliche Stützungs- und Subventionspolitik im Zuge der Finanzkrise war leichtfertig, maßlos und kann sich am Ende als kontraproduktiv erweisen. Im Zweifel habe der Staat bei seinen schwierigen Abwägungen dem Wohle der Bürger den Vorrang zu geben, in diesem Falle dem Wohle des Steuerzahlers, meint Utz Claasen. Und weiter: „Die Subventionierung von Banken, die nicht in der Lage waren, mit Risiken vernünftig umzugehen, ist im Grunde ebenso unangebracht wie der Versuch, Unternehmen zu helfen, die mitunter seit Jahren schwerwiegende Probleme vor sich her geschoben haben

und nun im Ausnahmezustand der Krise hoffen, der Steuerzahler würde für die Überwindung der strukturellen und strategischen Probleme bezahlen, die zu lösen sie selbst nicht in der Lage waren."
Der empirische Beweis dafür, dass es falsch war, die Lehman-Brothers-Bank nicht staatlich zu unterstützen, ist nach Claassens Ansicht nicht erbracht worden. Es sei keineswegs erwiesen, dass die Wirtschaft ohne die ergriffenen Stützungsmaßnahmen tatsächlich zusammengebrochen wäre. Der Top-Manager geht noch einen Schritt weiter: „Es wäre möglicherweise verantwortungsvoller, die Weltwirtschaft für eine Woche oder auch einen Monat zum Stillstand kommen zu lassen, als nachfolgende Generationen mit nach oben offenen Hypotheken zu überziehen, die für Jahrzehnte oder Jahrhunderte nachwirken können."

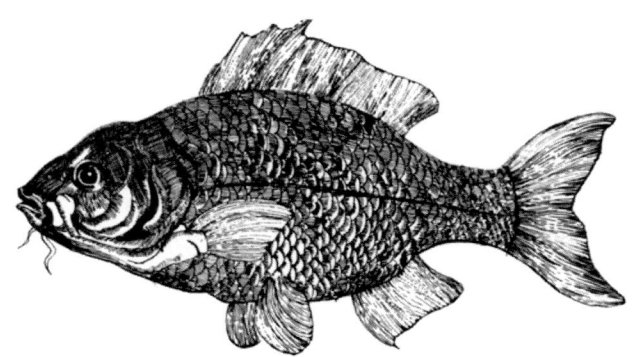

Ohne Alternative: Nachhaltigkeit und Suffizienz

Theoretisch ist sie die Zauberformel für die Lösung aller Menschheitsprobleme. Sie bezieht alle Krisenfaktoren mit ein, subtrahiert und dividiert im Norden, addiert und multipliziert im Süden, und sie kommt am Ende zu einem Ausgleich, den die meisten Menschen als Gewinn empfänden. Leider wird die Formel in der Praxis noch nicht angewendet. Viele, die viel haben, haben Angst, dass sie ihnen zu viel wegzaubert. Aber die Ängstlichen sind kurzsichtig. Vermutlich schon ihre Kinder werden, wenn sie in der Verantwortung stehen, sie konsequent anwenden müssen – die Formel namens *Nachhaltigkeit*.

Dieses aus der Forstwirtschaft stammende Wort geistert seit einigen Jahren durch alle Debatten, wenn es um einen zukunftsfähigen Stil unseres Lebens und Wirtschaftens geht. Ökologen und Klimaforscher fordern vehement Nachhaltigkeit ein. Politiker gaukeln uns vor, Nachhaltigkeit und Wirtschaftswachstum passten langfristig zusammen. Sie scheint gewichtig zu sein, die Bedeutung dieses Wortes, ja, überlebenswichtig. Was aber ist *nachhaltig*?

Schauen wir zunächst kurz auf die Voraussetzungen: Die Wissenschaft spricht vom *globalen Wandel*, wenn sie die – zumeist unerfreulichen – großen Veränderungen auf unserem Planeten, die seit Jahren zunehmend ins Bewusstsein der Öffentlichkeit drängen, in einen kurzen Begriff fassen soll. Die akute Bedrohung des Klimas und anderer Ökosysteme (Ozeane, Urwälder, Artenvielfalt) durch den Menschen, die Übernutzung der Ressourcen, eine schnell wachsende Weltbevölkerung, die Ausbreitung von absoluter Armut in vielen Ländern – dies sind die Kernfaktoren des globalen Wandels. Betrachtet man die Entwicklung aller menschlichen Aktivitäten, der Emissionen und des Bevölkerungswachstums, erkennt man eine auffällige Gemeinsamkeit: Bis zur Mitte des vergangenen Jahrhunderts gab es in allen Bereichen ein konstantes, aber maßvolles Wachstum auf einem – aus heutiger Sicht – sehr niedrigen Niveau. Ab 1950 jedoch schnellten alle Zahlen rasant nach oben.

Jill Jäger vom Europäischen Forschungsinstitut für Nachhaltigkeit hat in einem Buch die dramatischen Entwicklungen in Diagramme gefasst: Die Weltbevölkerung, die zwischen 1700 und 1900 nur um rund eine halbe Milliarde Menschen gewachsen war, stieg in der zweiten Hälfte des 20. Jahrhunderts um etwa vier Milliarden. Der weltweite Energiekonsum der Menschheit wuchs von rund zwei Milliarden (1950) auf sechs Milliarden Tonnen sogenannter Öl-Äquivalente im Jahr 2000. Die globale Zahl der Kraftfahrzeuge stieg im genannten Zeitraum von etwa 50 auf 700 Millionen, die weltweite Wirtschaftsleistung von ungefähr vier auf 40 Billionen Dollar. Entsprechend exponentiell sind die Emissionen der Treibhausgase und Stickoxide gewachsen. Waren 1950 knapp 10.000 der bekannten Tier- und Pflanzenarten ausgestorben, so lag diese Quote 50 Jahre später schon bei fast 60.000. Der globale Wandel setzt sich fort und hat nach Überzeugung aller Experten heute ein alarmierendes Stadium erreicht.

Die Nachhaltigkeit will all diesen beunruhigenden Entwicklungen etwas entgegenstellen. *Nachhaltig* bedeutet deshalb so viel wie *langfristig umweltverträglich*. Die UNO-Weltkommission für Umwelt und Entwicklung forderte 1987 in ihrem Abschlussbericht („Brundtland-Bericht") etwas, das bis heute als Definition von Nachhaltigkeit gilt: „Eine Entwicklung, die den Bedürfnissen der heutigen Generation entspricht, ohne die Möglichkeiten künftiger Generationen zu gefährden, ihre eigenen Bedürfnisse zu befriedigen und ihren Lebensstil zu wählen".

Nachhaltigkeit ist eine sehr weitreichende Angelegenheit, sie umfasst alle Bereiche des menschlichen Lebens und Wirtschaftens. Sie kann im Endeffekt nur erfolgreich sein, wenn sie global umgesetzt wird – wobei freilich jeder persönliche, lokale, regionale und nationale Beitrag von Bedeutung ist. Und es gibt keinen Königsweg: „Nur eine Kombination aus vielen Maßnahmen und Aktivitäten der Politik, der Wirtschaft und jedes einzelnen Menschen wird uns den Weg in eine nachhaltige Entwicklung ermöglichen", verdeutlicht Jill Jäger.

Eine globale Nachhaltigkeit ist derzeit noch eine ferne Vision, ja, geradezu ein Märchen. In den meisten Ländern der Erde hat das Wirtschaftswachstum oberste Priorität. Die Notwendigkeit des Schutzes der Ökosysteme wird zwar eingeräumt, aber eindeutig wirtschaftlichen Interessen untergeordnet. Aus diesem Dilemma erwächst die Erkenntnis: Im Zeitalter der Globalisierung bedarf es auch einer globalen Regierungsinstanz, ausgestattet mit klaren Kompetenzen, um die Fehlentwicklungen des globalen Wandels zu korrigieren und seine Risiken zu minimieren.

Die Zukunftsforscher haben jedenfalls die Ziele der weltweiten Nachhaltigkeit schon definiert und konkrete Strategien und Maßnahmen vorgeschlagen. Fernziel ist, dass die reichen Staaten der nördlichen Erdhalbkugel ihre Vormachtstellung aufgeben, ein international faires Handelssystem etablieren und die ärmsten Länder durch ein Bündel von Maßnahmen – vor allem in den Bereichen Schulden, Zölle, Patente, Handelsverträge, Bildung – aktiv fördern. „Die Zeitbombe des globalen Elends wird sich erst dann entschärfen lassen, wenn Solidaritätspolitik zum Herzstück der internationalen Beziehungen wird", schreibt das Wuppertal Institut in seiner Studie. Wer die Armut lindern wolle, müsse gleichzeitig „in Reichtumslinderung einwilligen".

Ein konkreter Anstoß auf diesem Weg ist der „Global-Marshall-Plan", den 2003 eine unabhängige Initiative entworfen hat. Der Plan zielt auf eine „Welt in Balance" ab und skizziert das Modell einer weltweiten „ökosozialen Marktwirtschaft". Diese soll vorrangig die Armutsbekämpfung, den Umweltschutz und globale Gerechtigkeit berücksichtigen und fördern. Ein zentraler Ansatz des neuen Marshall-Plans sei, so erläutert Jill Jäger, dass die reichen Staaten Projekte in den armen Ländern finanzieren. Als Gegenleistung müssten sich die Nehmerländer auf die Einhaltung von ökologischen und sozialen Standards verpflichten. Auch Maßnahmen gegen das Bevölkerungswachstum könnten in diese Pflichten einfließen.

Die größte und dringlichste Aufgabe auf dem Weg zur globalen Nachhaltigkeit ist freilich, das völlige Kippen der beschädigten Ökosysteme der Erde zu verhindern. Und dies gleicht wahrhaftig einer Quadratur des Kreises. Selbst bei der Bewältigung der akutesten globalen Krise, dem Klimawandel, gibt es keine wirklichen Fortschritte. Die aufwändige Weltklimakonferenz im Dezember 2009 in Kopenhagen scheiterte kläglich, weil einzelne Staaten ihre Wirtschaftsentwicklung gefährdet sehen. Dabei wäre es vielmehr sogar wesentlich, den Klimawandel nicht isoliert von den anderen Krisenthemen zu betrachten, sondern ihn mit der Armutsbekämpfung und dem Schutz der Artenvielfalt zu verknüpfen.

„Die eigentliche Herausforderung ist noch nicht wirklich begriffen worden", kommentiert Hermann Ott vom Wuppertal Institut die Blockade bei den internationalen Verhandlungen. Er fordert „statt Einzelmaßnahmen systemische Reformen, weil sich die miteinander verschränkten Probleme nur gemeinsam lösen lassen". Drei „Bausteine" seien erforderlich, schreibt Ott, um die Blockade der Klimapolitik zu überwinden: starke CO_2-Minderungsleistungen der Industriestaaten, finanzielle und technologische Unterstützung der Entwicklungs- und Schwellenländer beim Einstieg in saubere Energieerzeugung sowie die Unterstützung der ärmeren Staaten bei der Anpassung an den Klimawandel.

Steigt man von der Weltpolitik auf die nationale Ebene herab, gewinnt die Nachhaltigkeit ein wenig an Realitätsbezug. Zumindest mittelfristig könnte es in Ländern mit hohem Umweltbewusstsein möglich sein, neue Rahmenbedingungen für Wirtschaft und Wettbewerb aufzustellen. Als wesentlichen Schritt empfehlen die Fachleute eine ökologische Steuerreform. Dadurch könnte man den Verbrauch von Ressourcen mit einer Steuer belegen, also teurer machen, und im Gegenzug andere Bereiche, wie etwa Arbeit, steuerlich entlasten. Beides wäre sinnvoll. Wenn Rohstoffe und Energie teurer werden, lohnt es sich für die Unternehmen, sparsamere Produktionsmethoden zu entwickeln.

Ressourceneffizienz nennen das die Ökonomen. Es bedeutet, „mit weniger auszukommen, klüger zu wirtschaften", so die Wuppertaler Forscher. Sie sehen „erstaunliche Einsparpotentiale in den Wohnungen und Fabriken, in den Motoren und Werkstoffen". Diese zu nutzen, müsse die neue Aufgabe des technischen Fortschritts sein.

Neben der Ressourceneffizienz schlagen die Experten eine Reihe weiterer Schritte vor, die die Nachhaltigkeit national oder europaweit fördern könnten. Dazu zählen der Handel mit Emissionszertifikaten, der Abbau von Subventionen für nichtnachhaltige wirtschaftliche Aktivitäten, die Einführung von Energieverbrauchsnormen für Haushaltsgeräte und Autos, eine Umsatzsteuerbefreiung für Produkte mit ökologischen Kennzeichnungen.

In der Wirtschafts- und Handelspolitik hat Deutschland ein enormes Pensum zu leisten, wenn es ernsthaft Nachhaltigkeit anstreben will. Der langjährige Exportweltmeister hat von der Globalisierung wie nur wenige andere Länder profitiert. Er hat sich einen überproportionalen Anteil am Welthandel angeeignet und so dazu beigetragen, die wirtschaftliche Kluft zwischen den reichen und den armen Ländern zu vergrößern. Zudem gründet die deutsche Exportmacht vor allem auf der Ausfuhr von Autos, Maschinen und Chemieprodukten – alles Erzeugnisse, die in der Herstellung ressourcenintensiv und im Gebrauch zumeist umweltschädigend sind.

Tilmann Santarius spricht in seinem Aufsatz „Deutschland im Weltwirtschaftsraum" von der „ökologischen Raubökonomie", die Deutschland über andere Länder gebracht habe. Die Aufgabe der Bundesrepublik müsse daher eine „Ökologisierung der Außenwirtschaftspolitik" und deren Verknüpfung mit einer „Handelspolitik für den gerechten Ausgleich" sein. Die Exportstruktur, fordert Santarius, solle künftig von „ressourceneffizienten Technologien, intelligenter Mobilität und umweltfreundlicher Versorgung und Entsorgung" geprägt sein.

Leider stoßen die vielen Möglichkeiten, wie die Nachhaltigkeit angeschoben werden könnte, bei unserer Regierung überwiegend auf taube Ohren. Die Politiker trauen sich nicht, stärker regulierend einzugreifen. Sie hoffen darauf, allein durch effizientere Produktionsmethoden und den Einsatz erneuerbarer Energien zur Nachhaltigkeit zu gelangen. Jedoch verfehlt dieser seit einigen Jahren verfolgte Ansatz bis heute sein Ziel völlig: Solange die Wirtschaft wächst, werden die Fortschritte bei Effizienz und Umweltverbrauch zunichte gemacht, weil insgesamt mehr Waren und Dienstleistungen hergestellt, umgesetzt und konsumiert werden. Und weil ständig neue Produkte auf den Markt kommen und bei den Menschen Ansprüche erzeugen, die vorher nicht da waren.

Der Effizienz muss also eine zweite Säule beigestellt werden, um die Nachhaltigkeit zu tragen: die *Suffizienz*. Dieser unter Wissenschaftlern gebräuchliche Begriff bedeutet so viel wie Genügsamkeit oder Mäßigung. Also die Forderung: „Runter von der Überholspur!"

Muss das sein? Jill Jägers Antwort ist klar und einleuchtend: „Wohlhabende Gesellschaften müssen sich begrenzen, denn ohne Einschränkung können die natürlichen Lebensgrundlagen langfristig nicht erhalten werden." Der Mensch habe schon zu große Spuren im „vernetzten und komplexen System Erde" hinterlassen.

Auf der globalen und politischen Ebene gibt es vielfach Fallgruben und Hürden, die die Nachhaltigkeit kurzfristig nicht überwinden kann. Da sie aber kommen muss, gilt es, sie dort in Gang zu bringen, wo es möglich ist. Und das ist zweifellos die persönliche, die individuelle Ebene. Wenn wir hier erfolgreich ansetzen, wird das automatisch auf den Wirtschaftsprozess und die Politik ausstrahlen.

Suffizienz im persönlichen Alltag zu praktizieren, ist nicht so schwierig. Es sind viele unbedachte Kleinigkeiten, überspannte Ansprüche und unnötige Bequemlichkeiten, die wir mit Einsicht und gutem Willen ändern können. Als Belohnung winkt höhere Lebensqualität. Denn wenn wir unseren Blick und unser Streben von den materiellen Konsumzielen abwenden, schaffen wir uns Zeit und Freiräume für Schöneres und Wichtigeres. Darauf will ich in den nächsten Kapiteln genauer eingehen.

Nachhaltigkeit und Suffizienz haben in unserem Alltagsleben genügend Spielfelder: Eine maßvollere Ernährung einschließlich der Verminderung des Fleischkonsums, die Bevorzugung von Produkten aus biologischer und regionaler Erzeugung sowie aus fairem Handel („Fair Trade"), der sparsame Umgang mit Wasser und elektrischer Energie, die Bevorzugung öffentlicher Verkehrsmittel, des Fahrrads und der eigenen Füße, der freudige Verzicht auf allerlei fragwürdiges Blendwerk. Die Liste ließe sich verlängern.

Wägt man die Bedrohlichkeit des globalen Wandels, gibt es für die Menschen keine Alternative zur Nachhaltigkeit – wenn ihnen an einer lebenswerten Zukunft ihrer Nachkommen gelegen ist. Dies bedeutet in der Konsequenz nichts Geringeres, als dass wir unseren Lebensstil grundlegend überdenken und verändern müssen. Schlüssig erläutert dies Hermann Ott: „In den Reichtumszonen der Welt sind die Bürger als Investoren, Unternehmer und Konsumenten aufgerufen, einen Teil ihrer Kapital- und Komfortmacht an die Natur und die Schlechtergestellten auf dem Globus abzutreten. Geschieht das nicht, wird von dem, was jetzt ihre Position erstrebenswert macht, nicht viel erhalten bleiben." Noch prägnanter wird das im Vorwort der Studie „Zukunftsfähiges Deutschland" formuliert: „Nachhaltigkeit oder Selbstzerstörung".

Aussteigen – Vernunft kontra Gier und Karriere

Heftige Magenkoliken befielen mich immer öfter, Frühjahr 1982. Seit einigen Jahren war ich in der Redaktion einer Frankfurter Tageszeitung beschäftigt. Die journalistische Arbeit gefiel mir. Das Zusammenkommen mit einflussreichen oder bekannten Personen des öffentlichen Lebens und das Schreiben über jene gibt auch dem Journalisten ein Stück weit das Gefühl, selbst von Bedeutung zu sein. Denn eine spitze Feder, die auf gründlicher Recherche fußt, kann einiges bewegen.

Aber der Preis für gründliche Arbeit im Tagesjournalismus ist hoch. Schon während meiner Volontärszeit bei einer kleinen Lokalzeitung hatte ich mich gewundert, dass der Redaktionsleiter sich immer wieder an seltsamen Ampullen bediente, die er in seinem Schreibtisch aufbewahrte. Ihr Inhalt war Magenmedizin. Jahre später verstand ich, denn es hatte auch mich erwischt. Der enorme tägliche Zeitdruck durch den unaufschiebbaren Redaktionsschluss, gepaart mit unregelmäßigen, schnellen Mahlzeiten und häufiger Nachtschicht an der Schreibmaschine forderten ihren Tribut. Mein Zustand verschlimmerte sich, und ich beschloss einen radikalen Bruch. Ich kündigte.

Noch 1982 erwarben meine Frau und ich zusammen mit einem befreundeten Paar für wenig Geld ein altes, seit fünf Jahren leer stehendes Bauernhaus mit großem Grundstück in einem kleinen Ort im strukturschwachen Oberhessen. Eine andere Welt, hier tickten die Uhren anders. Alles erschien mir klein gewirkt und übersichtlich,

Vertrauen erweckend und behaglich. Wir bezogen eine Ruine, und mein Magen machte Freudensprünge. Er ist mir seitdem wieder treu ergeben.

Alsdann setzten wir unsere neue Bleibe, eine ehemalige Pulvermühle aus dem Dreißigjährigen Krieg, nach und nach in Stand. Wir hatten keine Jobs mehr, lebten spartanisch, aber wir hatten Mut, und der schuf einen Ozean von Tatkraft und Ideen. Über die Jahre gestalteten wir uns mit eigenen Händen ein idyllisches Zuhause. Wir bekamen drei Kinder, die sich trotz unserer Mangelwirtschaft prächtig entwickelten. Mein früheres Hobby, das Gärtnern, machte ich zum Beruf und baute mir als Gartengestalter eine eigene, kleine Existenz auf. Keine Sekunde habe ich im vergangenen Vierteljahrhundert bereut, Sicherheiten und Karrierechancen verworfen zu haben.

Unser Brot buken wir selbst, Obst und Gemüse wuchsen beim Haus. Ziege Sabine schenkte uns ihre Milch, und von ihren Lämmern schlachteten wir alle Jahre eins. Ein Dutzend Hühner scharrte Löcher in unsere Wiese. Sie versorgten uns mit Eiern und Fleisch, falls Fuchs oder Marder nicht schneller waren als wir. Selbst Schweine hielten wir anfangs, nachdem uns Freunde ein quicklebendiges Ferkel geschenkt hatten. Es war eine dunkelhäutige Kreuzung von Haus- und Wildschwein. Damit es nicht einsam wachsen musste, besorgten wir ihm einen Gefährten. So gab es jederzeit satt zu essen, dafür selten Langeweile. Es war eine spannende Zeit.

Auszusteigen aus einem sicheren Arbeitsplatz und sich den Wachstumsritualen zu verweigern, geriet in den späten 70er-Jahren in gewissen Kreisen zu einem Trend. Vor allem gut ausgebildete, materiell gesättigte junge Menschen strebten abseits von Karriere und Konsum nach neuen ideellen Werten, nach Selbsterfahrung und -verwirklichung. Viele wanderten aus, andere zogen aufs Land, alle auf der Suche nach einem einfacheren, zufriedenstellenden Leben.

Dabei ging es nicht um das Exerzieren von Moral. Die Aussteiger glichen Pionieren, die ihr Glück auf neuem Terrain suchten, mit neuen Idealen und Zielen. Ganz unabhängig davon, ob sie fündig wurden, haben sie etwas Beachtliches erbracht, was der modernen Leistungs- und Anspruchsgesellschaft als Ganzes bald abverlangt werden wird: Sie besiegten die Angst vor der Ungewissheit, und sie durchbrachen die Macht der Gewohnheiten.

Hier liegt der Kern des Verzicht-Problems: Gewohnheiten abzulegen, das ist der schwierigste Teil der Selbstbegrenzung. Die Menschen haben sich angewöhnt, auch kurze Strecken mit dem Auto zurückzulegen oder ein halbes Pfund Fleisch täglich zu verzehren. Und zu glauben, dies sei ein erstrebenswertes, gutes Leben. Anforderungen werden an die Politik gestellt, kaum an sich selbst. Dabei wäre es ein Gewinn, nur halb so viel Fleisch zu essen und das Auto öfter stehen zu lassen – ein Zuwachs an persönlicher Gesundheit und Lebensqualität.

„Mehr haben, bedeutet besser leben", dieses Credo der Wachstumskultur, das in den entbehrungsreichen Nachkriegsjahren seinen Ursprung hat, ist obsolet geworden. Es wird höchste Zeit, dass wir es aus unseren Köpfen

verjagen. Dass wir der Gier ein Prinzip Verantwortung entgegenstellen.
Vernunft und Gier stehen sich heute unversöhnlicher denn je gegenüber. Wobei die Gier die Menschen nicht erst seit der Erfindung des Geldes antreibt. Sie ist vielmehr eine von etwa einem Dutzend Grundemotionen der menschlichen Natur. Über hunderttausende von Jahren leistete sie einen Beitrag zum Überleben des Einzelnen wie des Clans. Erst das unbedingte Haben-Wollen von Nahrung wie auch das Bunkern von Reserven für Tage ohne Jagderfolg ermöglichten den Fortbestand der Art. Gier war damals also auch vernünftig. Heute nicht mehr.

In den westlichen, hoch entwickelten Ländern ist das tägliche Überleben des Einzelnen wie der Familie nicht mehr akut bedroht. Die archaische Gier erübrigt sich, und es wäre gut, wenn wir sie einfach abstreifen könnten. Der Mensch ist ein vernunftbegabtes Wesen, und ihm bleibt für die Zukunft keine andere Möglichkeit mehr, als die Gier mithilfe seines Verstandes unter Kontrolle zu bringen. Gelingt ihm dies nicht, ist das Ende der menschlichen Zivilisation eine ausgemachte Sache. Weil aber die Geschichte voll ist von Beispielen für die menschliche Lernfähigkeit, sollten wir noch nicht ins Lager der Pessimisten pilgern, die den *Point of no return* als überschritten betrachten.

Krisenzeiten lösen naturgemäß tiefer schürfende, grundsätzlichere Debatten über die Probleme und deren Lösungsmöglichkeiten aus. In Bezug auf die Gier empfiehlt der Philosoph Peter Sloterdijk eine „psychopolitische Umstimmung" der „ratlosen Gesellschaft". Als einen An-

satz, das „gierbetonende System" zu überwinden, sieht Sloterdijk die Stärkung des bürgerlichen Stolzes: „Die Balance zwischen Gier und Stolz ist völlig verlorengegangen. Würden wir den Akzent auf die stolzen, die gebenden Tugenden zurückverlagern, würden wir mit der Zeit eine andere Zivilisation ansteuern."
Auf der fortwährenden Befriedigung der alten Emotion Gier fußt unser wachstumsorientiertes Wirtschaftssystem. Jedoch wird heute der Begriff Gier niedlich als „Wünsche" verpackt, denn man ist ja kultiviert. Mit subtilen suggestiven Methoden werden in uns materielle Begehren erzeugt, die unsere Großeltern noch absurd gefunden hätten. Noch vor 50 Jahren ging es vorrangig um den Bedarf an langlebigen Gebrauchsgütern. Heute werden in immer kürzeren Abständen technische Neuerungen präsentiert, die bald zum Standard erhoben und somit (scheinbar) unverzichtbar werden.

Die Hersteller von Computern, Software und Mobiltelefonen haben es offenbar geschafft, ein Selbstzerstörungsgen in ihre Technik einzuschleusen. Schon nach ganz wenigen Jahren sind die Produkte nicht mehr reparabel, nicht mehr kompatibel, reif für den Müll. Eine gigantische Verschwendung von Ressourcen und Energie hat sich Bahn gebrochen. Wenn ich betrachte, dass bekannte Magnaten der Computerbranche sich als Philanthropen geben, kommt mir die Frage: Wollen die ihre Gewissensschmerzen lindern? Denn sie wissen inzwischen, was sie entfacht haben. So verursacht heute die Kommunikations- und Informationstechnologie weltweit ebenso hohe CO_2-Emissionen wie der gesamte globale Flugverkehr! Dies hat das amerikanische Marktforschungsunternehmen Gartner herausgefunden. Im Jahre 2006 etwa haben allein die US-amerikanischen Internet-Rechenzentren mit 61 Milliarden Kilowattstunden doppelt so viel Strom verbraucht wie Großbritannien insgesamt.

Unser Planet ist ein geschlossenes System, er wächst nicht, alles ist nur begrenzt vorhanden. Nur Eigennutz, gepaart mit Ratlosigkeit, kann deshalb das Motiv von Politikern und Ökonomen sein, die uns das Wirtschaftswachstum immer noch als heilig propagieren. Es gilt inzwischen als Gradmesser für die Befindlichkeit ganzer Nationen. Hochfinanz und Wirtschaftswelt haben es zur Leitidee unserer Gesellschaft gemacht. Nach 30 Jahren Existenz hat sich die bedingungslose Wachstumsideologie jedoch erschöpft: Sie ist blind für die globale Armuts- und Umweltkrise, ja, hat sie gleichsam verschärft. Das Streben nach mehr Gewinn und mehr Konsum kollidiert mit der Endlichkeit der Biosphäre.

Die Kontrolle und Begrenzung unserer Gier wird also nicht nur wünschenswert, sondern überlebensnotwendig sein. Um einen nachhaltigen, also verträglichen Stil des Lebens und Wirtschaftens zu finden, sollten wir künftig öfter „warum?" fragen, wenn uns Konsumangebote bedrängen. Oder: „Brauche ich das wirklich?" Es ist nach meiner Einschätzung tatsächlich so: Wir beschneiden unsere persönliche Freiheit durch den Kauf von überflüssigen Dingen, Luxus- und Statusartikeln, einem Übermaß an Kommunikations- und Unterhaltungstechnik. Mancher wird dem widersprechen, aber ich entgegne, dass die Definition von Freiheit mittlerweile viel zu sehr der Werbebranche überlassen wird.

Es ist eine Strategie der Werbung, Unzufriedenheit zu predigen, die alsdann nur durch Konsum überwunden werden könne. Wer kauft, befreie sich von Mangel, erlange Freiheit und Abenteuer, Vollkommenheit und Glückseligkeit.

Um Missverständnissen vorzubeugen: Es geht nicht darum, auf Essen, Kleidung oder das Möblieren der Wohnung zu verzichten. Aber der Konsument der Zukunft wird zwischen Notwendigem und Nippes unterscheiden müssen, zwischen langlebiger Qualitätsware und Schund, zwischen gekaufter Bequemlichkeit und kreativer Selbstverwirklichung.

Diogenes und Gottfried

Weniger ist mehr – seit es menschliche Hochkulturen gibt, geistert dieses Paradoxon durch die Konzepte der Philosophen und Religionsstifter. So manchen Moment lang in meinem Leben hat mich diese Gleichung, die den Gesetzen der Mathematik zuwider läuft, fasziniert. Ihren Vorreitern, den Asketen und Minimalisten, fühlte ich mich geistig verbunden, sie lebten meine Fantasie. Ich verstand ihren Antrieb, durch eine strikte Verzichtsentscheidung andere Lebensziele anzupeilen, sich Freiraum zu schaffen und selbst zu finden.

Aus eigener Unsicherheit heraus, in meinem Streben nach Eins-Werden mit meinem Lebensprogramm, versprach ich mir zuweilen Klarheit von einem asketischen Dasein. Wiederholt stellte ich mir die Frage: Wäre es nicht eine große Reinigung für Körper, Geist und Seele, den weltlichen Verlockungen zu entsagen, auf einem Minimallevel in einer Höhle oder abseits im Wald zu leben, wie dies Bekannte von mir in den 90ern über Jahre praktizierten? Ich will freilich gestehen, dass mich eher romantische Fantasien als religiöse Motive bewegten, ein solches Leben sympathisch zu finden. So musste ich zu meiner Enttäuschung erkennen: Der Alltag dieser Totalaussteiger war weniger von Romantik, öfter aber von Härte und zuweilen von Verbitterung geprägt.

Gleichwohl: Die These „Weniger ist mehr" ist damit nicht widerlegt. Im Gegenteil hat sie gerade im Zeitalter des uferlosen Konsumismus wieder mächtig an Charme gewonnen. Sie vereinfacht den komplexen Alltag, schafft

Zeit und Raum. Sie kann uns aus der Tretmühle der täglichen Verpflichtungen, die wir uns zum großen Teil selbst auferlegen, ein Stück weit befreien. Sie kann uns helfen, das „Gefühl ständiger Überforderung und zunehmender Sinnleere", das der Journalist Matthias Matussek in einem Essay diagnostizierte, zu bekämpfen.

Dafür müssen wir uns nicht in eine Tonne oder eine Höhle verkriechen. Es kann durchaus reichen, einmal näher hinzuschauen, wie Menschen mit minimalem Besitz ein zufriedenes und erfülltes Leben führen können. Besuchen Sie ein Dorf in einer ländlichen Region Indiens, Schwarzafrikas oder Amazoniens. Dort, wo über Jahrhunderte gewachsene Strukturen noch größtenteils funktionieren, gibt es keinen Zwang zum Wachstum. Dort kann genug genügen. Das Leben erfüllt sich in den täglichen Verrichtungen, die zum Überleben notwendig sind, und in der Pflege der sozialen Kontakte. In den offenen Gesichtern der Menschen dort werden Sie eine Herzlichkeit und Freude finden, die in den reichen Gesellschaften rar geworden sind. Fernab von Wall Street und Warenschwemme erweisen sich die Verheißungen des Wohlstands als Lüge.

Es soll hier nicht um Selbstkasteiung gehen, sondern um die Einsicht, dass ein gewisses Maß an materiellem Besitz vollends genügen kann. Dass wir uns vom ewigen Streben nach immer mehr nicht anspitzen lassen sollten. Dass wir, zumindest in Deutschland, fast alle mehr Dinge haben, als wir brauchen, und trotzdem jammern.

Auch Diogenes von Sinope, der altgriechische Philosoph, der die Bedürfnislosigkeit lehrte und lebte, hauste nicht wirklich in einer Tonne. Diese oft kolportierte Anekdote beruht wohl auf einem Übersetzungsfehler einer von Seneca stammenden Aussage, „dass ein Mann mit derart geringen Ansprüchen ebenso gut in einer Tonne leben könne". Von dem aus einer wohlhabenden Familie stammenden Diogenes ist überliefert, dass er keine Kleider trug und seinen einzigen Becher wegwarf, als er einen Jungen aus der hohlen Hand trinken sah. Als Alexander der Große in Athen dem Philosophen begegnete, stellte er diesem einen Wunsch frei. „Geh mir aus der Sonne", soll der Anekdote nach Diogenes dem reichen und mächtigen Feldherrn geantwortet haben.

Damals wie heute wird Diogenes von manchen als ein durchgeknallter Ur-Hippie betrachtet. Er war jedenfalls der Prototyp eines naturverbundenen Menschen, der Materialismus verschmähte und gesellschaftliche Regeln und Normen infrage stellte. „Aus heutiger Sicht", so die Biografin Margot Aigner, „war Diogenes der Wegbereiter einer neuen Lebensweise, in der das Streben nach Luxus und Macht keinen Platz hat." Diogenes wurde über 90 Jahre alt, und seine Gedanken sind heute aktueller denn je.

Wer den alten Griechen, der im vierten vorchristlichen Jahrhundert lebte, für einen Anachronismus hält, der so oder ähnlich in unserer heutigen Anspruchsgesellschaft nicht mehr existieren könne, der lasse sich eines Besseren belehren. Von Gottfried.

Der selbsternannte „Spaßbauer" Gottfried Stollwerk lebt und arbeitet auf einem alten Gehöft außerhalb eines Dorfes im südwestlichen Niedersachsen. Zu seinem Hof gehören Wald und fünf Hektar Wiesen, die er alljährlich mit der Sense mäht, um Heu für seine Tiere zu machen. Sein Bestand umfasst zwei Kühe, zwei Kälber, neun Schafe und deren Lämmer, sechs Hühner und eine Ziege. Stollwerk ist weitestgehend Selbstversorger: Sein Gemüse und Fleisch produziert er selbst, konserviert es per Einmachen oder Trocknen, macht Käse aus der Milch seiner Tiere, nur Brot und Kerzen kauft er zu. All seine Arbeit verrichtet er mit eigener Muskelkraft und einfachen Hilfsmitteln, so wie es sich über Jahrtausende bewährt hat. Denn Stollwerk lebt ohne Strom, ohne Traktor, ohne Auto, ohne Kühlschrank und Fernseher, ohne Handy und Computer, ohne Heizung, ohne Spülmittel, ohne Klo. Aber er liebt es, tanzen zu gehen und erfreut sich des Lebens.

Seit 17 Jahren führt der 57-jährige studierte Soziologe und Psychologe dieses außergewöhnliche Dasein, das die „Frankfurter Allgemeine Zeitung" ausführlich porträtierte. „Täglich mit den Händen arbeiten, langsam zusehen, wie die Saat wächst, wie seine Tiere fressen, nicht vom Supermarkt abhängig sein – nichts, sagt er, könne ihm mehr Selbstvertrauen geben", beschrieb das Blatt den Antrieb des Aussteigers. Und Stollwerk sieht seine Wirtschaftsweise durchaus als Modell für die Zukunft: Nur die Handarbeit und der Nahrungskreislauf der Tiere könnten eine positive Energiebilanz aufweisen; die Ressourcen verbrauchende Wirtschaft könne nur auf Zeit funktionieren.

Ein Leben zu führen wie dieser Spaßbauer, kann sicher nicht jedermanns Sache sein. Aber es liefert den Beweis, dass man inmitten einer hochkomplexen, hochtechnisierten Gesellschaft nach urtümlichen Mustern leben und überleben kann. Stollwerk verkörpert gewissermaßen den Hoffnungsschimmer für Zeiten, die möglicherweise in gar nicht allzu ferner Zukunft anbrechen werden. Will sagen: Wenn es wirklich sein muss, könnten wir auch anders.

Es ist derzeit freilich kaum vorstellbar, wie eine verwöhnte, bequem gewordene Gesellschaft eine solche Rückbesinnung bewerkstelligen könnte. Es würde jedenfalls nicht ohne radikale Brüche und großes Wehklagen vonstatten gehen.

Die Kluft zwischen der ursprünglichen, also naturverträglichen und nachhaltigen Lebensweise des Menschen und der heutzutage fast global verbreiteten Konsumgier scheint unüberwindbar geworden zu sein. „Wir sind an einem historischen Scheitelpunkt angelangt und scheinen nicht mehr Herr der Lage zu sein", schreibt Matthias Matussek. „Die Vergötterung des Geldes hat uns seelisch verarmt. Unüberhörbar ist das Summen der Angst. Wir leben mutlos."

Genau, Mut ist es, was wir jetzt am nötigsten brauchen. Mut, unsere Gewohnheiten zu hinterfragen, neue Wege zu gehen, auszubrechen aus dem Kokon aus Angst und vermeintlichen Sicherheiten, aus Status- und Besitzdenken. Die Ziele und Möglichkeiten des Mammons sind uns über Jahrzehnte eingeflüstert worden, bis sie uns in

Fleisch und Blut übergingen. Bis wir nicht mehr überlegten, hinterfragten, sondern automatisiert kauften.

Die Blender bemächtigten sich der Sprache, machten sie zu ihrem Werkzeug. Sie trichterten uns die Vorzüge der Adjektive *bequem, komfortabel, sicher, größer, schneller* ein und schalteten sie gleich mit *besser*, mit *erstrebenswert* und *notwendig*. Wir wurden belogen und betäubt, und wir ließen es widerstandslos geschehen.

Die Blender – Warum wir so viel brauchen sollen

Sicherheit, Gesundheit und Glück sind nicht wirklich käuflich.

Vor etwa 15 Jahren fragte mich mein Vater, ob ich seine gut gehende Versicherungsagentur nach seinem altersbedingten Ausscheiden übernehmen wolle. Ich lehnte ohne Bedenkzeit ab. Zur Begründung erklärte ich, die Versicherungen betrieben das Geschäft mit der Angst, und das widerstrebe mir. Gewiss habe ich meinen Vater mit dieser barschen Äußerung vor den Kopf gestoßen, denn es war ja auch eine herbe Kritik an seinem täglichen Tun. Aber es war eine ehrliche Antwort, weil sie meinem Denken entsprach. Ich wollte nicht etwas verkaufen, von dem ich nicht überzeugt war.

Bestimmte Risiken durch eine Versicherung zu minimieren, ist unzweifelhaft sinnvoll. Eine Kranken-, eine Autohaftpflicht- oder eine Feuerversicherung für Wohngebäude sollten nicht zur Disposition gestellt werden. Deshalb sind sie auch richtigerweise Pflicht. Im durchschnittlichen Versicherungsportefeuille eines deutschen Haushalts tummeln sich jedoch viele weitere Policen. Ob Hausrat- oder Privathaftpflicht-, ob Rechtsschutz- oder Diebstahlversicherung – all das habe ich in den vergangenen 30 Jahren weder gehabt noch gebraucht. Und sollte ich auf diesen Feldern in Zukunft mal geschädigt werden, so könnte ich mit den bislang eingesparten Beiträgen gleich mehrere Schadensfälle begleichen.

Wer genügsam, aufmerksam und ohne große Verlustängste durchs Leben geht, braucht so manche Police nicht. Diese überflüssigen Papiere versichern vor allem das Geschäft der Versicherer. Diese wecken mit ihren Angeboten bei ihren Kunden Vollkasko-Mentalität, also ein illusionäres Rundum-Sicherheitsdenken. Es soll die Ängste beruhigen. Selbst das Leben lässt sich versichern, und es endet trotzdem tödlich.

Maßloser Besitz von Dingen und Geld beruhigt nicht, ganz im Gegenteil. Die Betreffenden machen sich in der Regel Sorgen um ihr Hab und Gut, wollen es absichern, vermehren, müssen es unterhalten und kontrollieren. Am Ende des Prozesses besitzt der Besitz den Besitzer. Er sitzt in einem Gefängnis aus Sorge, Misstrauen und Gier.

Dabei wird uns doch von den Souffleuren der Werbebranche vorgegaukelt, dass uns Besitzstreben glücklich mache. In der Werbung sehen wir lauter fröhliche, strahlende Wesen, denen der Erwerb eines Produkts offenbar den ultimativen Glückskick verpasst hat. Das ist natürlich eine Chimäre, und unser Verstand weiß das auch. Gleichwohl kommt er nicht zum Zuge. Bei fast allen unseren Entscheidungen, das hat die Psychologie herausgefunden, haben die Gefühle das letzte Wort. Verborgene Sehnsüchte, Ängste, Stolz, Leidenschaften, irreale Projektionen – sie sind es, die – meist unbewusst – unsere Konsumwünsche beschließen. Die Werber appellieren an diese Triebe in uns. Und die Produkthersteller würden nicht eine Milliardensumme jährlich allein in Deutschland für Werbung ausgeben, wüssten sie nicht genau um deren Rendite.

Glück ist eine flüchtige Offenbarung, nicht planbar, unbestechlich. Es ist eine seelische Erfüllung, die sich plötzlich einstellt, wenn Menschen Anerkennung und Aufmerksamkeit erfahren, guten Sex haben, grandiose Natur wahrnehmen oder ihnen ein schönes Gesicht ein Lächeln schenkt. Erfüllte Konsumwünsche bringen nicht wirklich Glück, weshalb sie bekanntlich neue Wünsche erzeugen. Überflusskonsum wird so zum Perpetuum mobile, eine fortlaufende Ersatzbefriedigung für unerreichte Glücksgefühle.

Komplett fehlgesteuert scheint auch die Entwicklung in einem anderen Bereich, dem Gesundheitswesen. Richtigerweise müsste es Krankheitswesen heißen, denn der Patient ist in diesem Spiel der Einzige, dem wirklich an Gesundheit gelegen ist. Alle anderen Mitspieler, also die Pharmaindustrie, die Hersteller von Medizintechnik, die Ärzte, Krankenkassen und selbst der Staat profitieren von der Krankheit. All ihnen drohten herbe Einbußen, würde sich die Volksgesundheit durch eine Veränderung der Lebensgewohnheiten deutlich verbessern. Das lange Jahre in der Politik heiß diskutierte Gesetz zur „Kostendämpfung im Gesundheitswesen" erinnert deshalb eher an ein übles Theater-Schmierenstück. Das Ergebnis ist bekannt: Kostenerhöhung statt -dämpfung, eine ausufernde Bürokratie, der Anreiz für Ärzte, wegen der veränderten Vergütungsrichtlinien die Krankheitsbilder ihrer Patienten zu überzeichnen.

Der Gesundheitsmarkt ist wie eine zähe Blase, die nicht platzen will, auch wenn sie kontinuierlich weiter aufgebläht wird. Inzwischen arbeitet in Deutschland jeder zehnte Beschäftigte im Gesundheitswesen. Es scheint ein Markt ohne Grenzen zu sein, denn Kranke sind bereit, fast jeden Preis für Behandlung und Medikamente zu zahlen. Besonders Krankenhäuser und Fachärzte profitieren davon, denn sie werden neuerdings Diagnose-bezogen bezahlt. Je mehr Diagnosen gestellt werden, und je gravierender sie ausfallen, desto mehr Geld ist mit den Patienten zu verdienen.

Selbst manchem Mediziner ist das suspekt. Der Berliner Arzt Harald Kamps schrieb dazu in einem Beitrag für die „Süddeutsche Zeitung": „Ärzte dürfen keine Anreize bekommen, durch Vermehrung der Diagnosen ihr Einkommen zu steigern. Patienten müssen dazu so schnell wie möglich aus dem Gesundheitswesen in ihr Leben entlassen werden – manchen Menschen muss man sagen, dass sie ihre Gesundheit am besten außerhalb des Gesundheitswesens erhalten – durch eine gute Beziehung, gesundes Essen und ein als sinnvoll erlebtes Leben."

Also: Eine deutliche und nachhaltige Kostendämpfung kann auch auf diesem Sektor nur durch den mündigen und zu Verhaltensänderungen bereiten Bürger bewirkt werden. Der Mensch ist in der Lage, mit wenigen, einfachen Mitteln Krankheiten vorzubeugen, seinen Körper widerstandsfähiger zu machen. Viele setzen dies bereits um, indem sie Ausgleichssport betreiben. Und tatsächlich heißt das Zauberwort *Bewegung*. Die Vorzüge von körperlicher Aktivität sind frappierend, ich will sie deshalb in einem späteren Kapitel noch näher beleuchten.

Wer oder was blendet noch unser Vermögen, ein bescheideneres Leben zu führen? Dass die Akteure in Politik und Wirtschaft zu diesen Blendern gehören, habe ich bereits erörtert. Aber da sind noch weitere Verhinderer: unsere inneren Nebelwerfer. Die werden zwar von außen stimuliert, entwickeln aber ein bedrohliches Eigenleben: Es sind die Erwartungen und Zwänge, die wir uns selbst auferlegen.

Gegen einen gesunden Ehrgeiz ist sicher nichts einzuwenden. Er ermöglicht uns, Ziele zu erreichen und eine sozial verträgliche Weise des Lebenskampfs zu erlernen. Aber gesund kann er nur sein, wenn er dem eigenen freien Willen sowie den ganz persönlichen Prägungen und Neigungen entspringt. Die gestiegenen Leistungsanforderungen in Schule und Berufswelt setzen den Einzelnen heute stärker unter Druck. Im Bestreben, mithalten zu wollen, verkennt er oft die Grenzen seines Naturells und seiner Möglichkeiten. Er entwickelt Ansprüche an sich selbst, denen er nicht gerecht werden kann, weil sie ihn überfordern. Eine gefährliche Spirale kommt so in Gang, die nicht selten in Krankheiten oder Depressionen endet.

Eine gesunde Strategie gegen Stress und Selbstüberforderung ist die Gelassenheit. Das *Müssen* lässt sich im Leben des Menschen begrenzen auf wenige Dinge wie Essen, Trinken, Austreten, Sich-warm-Kleiden, Schlafen, Sterben. Gelassener wird man durch Loslassen, durch das Infragestellen von vermeintlichen Notwendigkeiten. Im Kapitel „Ideale" will ich mich noch näher mit der Gelassenheit beschäftigen.

Schließlich ist da noch ein Blender, vielleicht der gefährlichste von allen: *Nucleus accumbens* heißt er und sitzt in unserem Kopf. Er ist gewissermaßen ein Belohnungszentrum im Vorderhirn des Menschen. Dort, so hat die Gehirnforschung herausgefunden, werden schon beim Anblick von Status- und Wohlstandssymbolen wohltuende Hormone ausgeschüttet.

„Konsum bereitet Lust", kommentiert die Wissenschaftsjournalistin Eva Tenzer die Forschungsergebnisse in einem 2009 vorgelegten Buch. Sie nennt den *Nucleus accumbens* den „G-Punkt des Homo consumens". Die Stimulation dieses Hirnareals durch Konsum sei von der Evolution in uns angelegt, weil Vorratskammern und Statussymbole von jeher das Überleben gesichert hätten. „Das menschliche Gehirn selbst liebt den Konsum, und es verschmäht Askese."

Dieser urzeitliche Mechanismus, schreibt Tenzer, sei auch der Grund dafür, dass Konsumverzicht so unbeliebt sei und Kapitalismuskritik oft ins Leere laufe: „Go Shopping! scheinen die Neuronen wider alle Vernunft selbst in wirtschaftlichen Krisenzeiten zu rufen."

Hilft also doch nur Dirigismus? Der Mensch, getrieben von seinem Urprogramm, ist nicht zur Einsicht und Umkehr fähig? Feuilletonisten stießen jedenfalls in dieses Horn: „Der Mensch kennt kein Genug. Konsumschranken sind daher das Gebot der Stunde", forderte Tobias Becker im „Kulturspiegel". Ihm sei zugerufen: gemach! Seine Forderung ist derzeit realitätsfern, doch die Realitäten der Zukunft werden sie auch ohne staatliche Lenkung erfüllen.

Anne

Die Blockhütte.
Vier Schritte lang,
vier Schritte breit.
Ohne Bewegungsmelder im Hof.
Ohne Antenne auf dem Dach.
Ohne Klingel an der Tür.
Ohne Schalter an der Wand.
So einfach.
Einfach so.

Anne Donath

Unsere Häuser und Wohnungen sind überdimensioniert. Sie sind ein unentbehrliches Exerzierfeld für den deutschen Perfektionsdrang, eine Lebensversicherung für Architekten, Ingenieure und ein Dutzend Fachbranchen des Bau- und Ausstattungsgewerbes. Die Häuslebauer müssen zudem die Banker ernähren und begeben sich summa summarum oft für den Rest ihres Lebens in finanzielle Pflicht.

„Ich wollte ein Haus haben, ja, aber ich wollte nicht sein Sklave werden", schreibt die Autorin Anne Donath in ihrem „Bericht über ein einfaches Leben", so der Untertitel ihres Buchs. Sie hatte festgestellt, dass wir uns hierzulande „aufwändige Wohnmaschinen leisten, für die wir uns über Jahrzehnte verschulden müssen". Schlägt man diesen Weg ein, müsse man auch noch alle Risiken hoch versichern, um die Werte zu erhalten, „besonders, solange sie noch nicht bezahlt sind".

Anne Donath hat es geschafft, nicht in diese Falle zu tappen: Sie besitzt ihre eigenen vier Wände („fünf mussten es nicht werden") und ist sieben Jahre nach der Fertigstellung schuldenfrei. Jetzt opfert sie nur noch einen Tag der Woche dem Geld verdienen. „An den anderen sechs Tagen kann ich direkt am Leben teilhaben", freut sich die Lehrerin.

Die Sechzigerin führte früher ein wohlsituiertes deutsches Durchschnittsdasein. Nach ihrem Lehrerexamen heiratete sie und bekam drei Töchter. Die Familie lebte in einer geräumigen Fünfzimmerwohnung, vor der Tür zwei Autos, am Bodensee eine Jolle. Zwei Urlaube im Jahr, meist in Nordafrika und Südfrankreich, waren die Regel. Der Haushalt, berichtet Donath in ihrem Buch, „entwickelte sich standesgemäß. Am Ende kümmerte sich auch noch Lady Siemens in der Küche um unser schmutziges Geschirr".

Doch jedes Leben hat Brüche, und mancher muss sich gänzlich neu orientieren. Nach ihrer Scheidung waren die Töchter bald erwachsen, und Anne Donath musste sich neue Lebensinhalte suchen. Sie fuhr wieder in die Wüste Algeriens. Dort, beim Volk der Tuareg, fand sie die Inspirationen für ihr neues Leben.

„Eine Woche habe ich in einem Tuaregdorf zugebracht. Nach zwei Tagen hatten sie ihren Besuch vergessen, und ich konnte mich frei unter ihnen bewegen. Ich habe ein Dorf erlebt, das im Tefedestgebirge abseits aller Pisten liegt, in dem es kein Auto gibt, das nicht mal einen Generator hat, geschweige denn irgendwelche Geräte, die sich damit betreiben ließen. Wer nun aber glaubt, dass sich die Menschen ohne Strom das Leben vor lauter harter Handarbeit sauer werden lassen, der irrt gewaltig. Hastig habe ich Fatima, Mohammed, Kouna, Hamma, Ali und Saida nur einmal erlebt, als ein alter Lkw auf der offenen Ladefläche die Schulkinder für die Ferien heimbrachte. Sonst gingen alle Verrichtungen in Ruhe vor sich, und es blieb viel Zeit für Geselligkeit", schildert Donath das Dorfleben in der Wüste. „Ich nahm Nachhilfe in Nordafrika, wo man das Leben einfach noch am Alltag lernen kann."

Die deutsche Frau sah, wie sich die Tuareg in vier Tagen eine Schilfhütte bauen, die ihren Bedürfnissen genügt. Wenn der Sturm sie eines Tages mitnehme, so sei nicht viel verloren. Für den mitteleuropäischen Winter freilich sei eine Schilfhütte zu wenig, schwante Donath. Jedoch wuchs ihre Gewissheit, die Prinzipien von Einfachheit und Anspruchslosigkeit auch beim Bau eines Holzhäuschens in Deutschland umsetzen zu können.

1993 kaufte sich Anne Donath im Schwäbischen eine Wiese. Sie ließ eine Grube ausheben, denn ein Keller zum Lagern von Obst, Gemüse und Holz muss sein. Darauf wurde ein solides kleines Blockhaus gezimmert, vier mal vier Meter die Fläche. Die Hütte erhielt einen Wasseranschluss und ein Klo, einen kleinen gusseisernen Holzofen (zum Heizen und Kochen) und war an Weihnachten desselben Jahres bewohnt.

Das Einraumhaus hat weder Küche noch Bad, weder Stromanschluss noch Telefon. Und das ist gut so, findet ihre Bewohnerin: „Den Strom hab ich noch nicht vermisst. An das Kerzenlicht haben sich die Augen gut gewöhnt. Das Abendessen bei Kerzenschein ist mein alltäglicher Luxus geworden. Das bisschen Wäsche meines Einpersonenhaushalts lässt sich problemlos von Hand machen. Das altmodische Einweichen spart viel Plackerei, für die ich nicht bin, wenn es sich vermeiden lässt. Die Haare trocknen auch so – und nun fällt mir schon gar nichts mehr ein, wofür ich den Strom noch bräuchte."

Das einfache Leben lehrt wesentliche Dinge: Wie gerät das Anzünden des Feuers am besten, welches Holz benötige ich dafür, welche Wildkräuter sind essbar, wo finde ich in der Natur Trinkwasser? „Mensch kann alles lernen, wenn sie nur will", hat Anne Donath in ihrem neuen Leben schnell festgestellt. Zum Beispiel: „Dass Erde kein Dreck ist, dass der Nachbarin das Heu meiner Wiese ein paar Eier wert ist, dass gute Ratschläge billig und manchmal sogar was wert sind, dass Unkraut schneller wächst als Kartoffeln."

Für die langen Wintertage schleppt sich Anne Donath einen Sack Schurwolle auf ihren kleinen Dachboden. Ein Schafhalter aus der Nachbarschaft verschenkt das Rohmaterial, weil er es sonst entsorgen müsste. Dazu ein Paket Haushaltskerzen, ein paar gute Bücher – und die kalte Zeit kann kommen. Dann kämmt und dreht und wickelt die Frau die Wolle per Hand, so wie sie es bei den Tuareg beobachtet hat. Sie experimentiert, bis das Spinnen gelingt, denn auch das ist Neuland für sie. Das Ergebnis: Ein naturweißer, weicher, haltbarer Pullover – „ein unbezahlbares Einzelstück. Ständig getragen, ein wenig repariert und angestrickt. Ich hab es heute noch, es liegt in der Truhe und ist längst heiliggesprochen."

Langeweile? Die kennt Anne Donath vor lauter Ideen und Kreativität nicht. Auch Schuhe hat sie selbst aus einer alten Schultasche vom Flohmarkt zugeschnitten und vernäht. Die Nähte hat sie mit gewachstem Kettgarn gestochen, die Ränder von einem Schuster im Nachbardorf glattschleifen lassen. Im zweiten Winter hat sie ihre Geige wiederentdeckt, nach über 30 Jahren, und hat mit Pinsel und Tusche zu zeichnen begonnen.

Wenn sie Fernweh verspürt, frönt Donath gerne ihrer alten Leidenschaft, dem Reisen in die warmen Länder am Mittelmeer. Mit dem Fahrrad nach Griechenland starten, bei Bedarf unterwegs auf einen Reisebus wechseln, mit dem Schiff schließlich in Kreta ankommen, dort ein paar Wochen bleiben, einem kretischen Straßenköter zum Frauchen werden, mit ihm zusammen die ganze Tour zurück nach Deutschland – einem Zugvogel gleich lässt Anne Donath darüber gerne den ganzen Winter verstreichen.

Die eigenwillige Gestaltung ihrer Arbeitszeit macht solche Touren möglich. Sie hat ihrem Arbeitgeber, einer Klinik, vorgeschlagen, die ganze Jahresarbeitszeit in den drei Sommermonaten abzuleisten. Statt vorher einen Tag pro Woche, arbeitet sie nun also drei Monate lang täglich und hat anschließend neun Monate frei. Die Klinik ließ sich gerne auf dieses Zeitmodell ein, weil gerade in den Urlaubswochen des Sommers Personalmangel herrscht.

Die wahre Lebenskunst gebietet, sich Freiräume zu erhalten, Träume zu pflegen, das Arbeiten zu begrenzen. Gerne versinkt Anne Donath im Frühling und Sommer im hohen Gras ihrer Wiese, beobachtet das Treiben der Wolken, das Spiel des Windes. „Arbeit, einmal angefangen", sinniert sie, „zieht oft einen Rattenschwanz ihresgleichen hinter sich her."

Wolle sie zum Beispiel einen feinen Rasen haben, „dem auch die Nachbarschaft Achtung zollt", müsse sie ihren Garten planieren, einsäen, mähen, düngen und gießen. Sie könne aber auch das Gelände so bucklig lassen wie es ist und die Wiese zweimal im Jahr mit der Sense mähen. Dies sei billiger und umweltfreundlicher, als einen Rasenmäher in Gang zu setzen.

Das Fazit der Lebenskünstlerin: „Manchmal ist schon viel getan, wenn einer etwas lässt."

Integration von Herz und Kopf – Alternative Gemeinschaften

Die Lebenskünstlerin Anne Donath und der Spaßbauer Gottfried Stollwerk beflügeln unsere Fantasie und unsere Sehnsucht nach einem unkomplizierten und sinnreichen Dasein. Wie oft verwünscht doch der Gegenwartsmensch die Widrigkeiten des modernen Alltags – Stress und Mobbing, finanzielle Sorgen aufgrund überdrehter Ansprüche, die Verwirrung durch Diversifizierung und komplexe Strukturen allerorten. Donath und Stollwerk haben erfolgreich radikale Kontrastmodelle realisiert. So radikal freilich, wie dies nur robuste Einzelkämpfer schaffen. Sie verfügen über ein faszinierendes Maß an Freiheit und Ursprünglichkeit.

Der Preis dafür ist, sich selbst genug zu sein, das Alleinsein auszuhalten. Dies mag für Solitäre wie Donath und Stollwerk ein Leichtes sein. Zumindest so lange, wie sie nicht in eine ernste Krise geraten, von einer schlimmen Krankheit befallen werden oder bis das Alter mit seinen Gebrechen vor der Tür steht.

Die Unwägbarkeiten des Lebens und natürlich die Sehnsucht nach Nähe zu anderen haben den Menschen zu einem sozialen Wesen geformt. Jedoch ist dabei bekanntlich die heute übliche Kleinfamilie nicht das naturgegebene, urtümliche Modell des Zusammenlebens. Die Frühmenschen lebten in Sippen und Stämmen, was sich als vielfach hilfreich für den Fortbestand und das Erreichen der gemeinsamen Ziele erwies. Der Slogan „Gemeinsam sind wir stark" ist zwar eine Platitüde, doch mit gutem

Grund haben ihn sich Gruppen und Verbände jeglicher Couleur zu ihrem Motto gemacht.
Die Kraft einer Gemeinschaft, deren Mitglieder sich im Streben nach bestimmten Zielen einig sind, lässt inzwischen auch mittelgroße alternative Wohn- und Arbeitsprojekte prosperieren. Hier wird modellhaft ein zukunftsweisender, nachhaltiger Stil des Lebens und Schaffens praktiziert. In vielen Regionen Deutschlands sind aus der Studenten- und der Umweltbewegung der 70er- und 80er-Jahre beachtliche Projekte entstanden. Sie verfolgen ganzheitliche Konzepte, leben und wirtschaften nach ökologischen Aspekten, experimentieren und wollen sich kreativ weiterentwickeln. Als Beispiele sollen hier die Kommune Niederkaufungen und das Ökodorf Sieben Linden vorgestellt werden.

Ein langer Regenbogen, gemalt, leuchtet warm über dem Eingang der Kita „Wühlmäuse". Erst das suchende Auge erfasst, hinter der knorrigen Robinie, die Lektüre. „Zuhören – Gemeinschaft – Utopien", programmatische Worte in 20 Zentimeter hohen Lettern prangen an der Fassade des Gemeinschaftshauses. Einen Textausriss aus dem Grundsatzpapier, fünf Meter hoch, der vielen Wörtern den Anfang oder das Ende raubt, haben die Baudekorateure auf die Außenwand gebannt. Der Besucher erkennt, schon vom Kirchweg aus, dass in Niederkaufungen an Träumen und Visionen gearbeitet wird. Hier ist die Kommune zu Hause: 60 Erwachsene und 20 Kinder (Stand: September 2010) wohnen und arbeiten auf diesem rund 11.000 Quadratmeter großen Hofareal im alten Kern des Kassler Vororts.

Nach einer dreijährigen Planungsphase startete eine Gruppe von 17 Gleichgesinnten 1986 das Projekt, gemeinsam anders zu leben. Sie organisierte sich als Verein mit der Zielvorstellung „umweltfreundliches Leben und Arbeiten" und kaufte das große landwirtschaftliche Anwesen. Alle Gebäude des Komplexes wurden im Laufe der Jahre nach ökologischen Aspekten umgebaut und saniert. Heute verfügt die Kommune über jeweils rund 3.000 Quadratmeter Wohn- und Gewerbefläche. Dazu gehört mittlerweile ein Aussiedlerhof mit fünf Hektar eigener und 30 weiteren Hektar gepachteter Acker- und Wiesenfläche.

Neben der biologischen Landwirtschaft, die auch eine Käserei umfasst, haben sich auf dem Anwesen der Kommune elf weitere Arbeitsbereiche etabliert. Unter anderen sind das die Baucombo, die Kindertagesstätte, eine Großküche, die alle bekocht und Catering anbietet, der Obst- und Gemüseanbau, das große Tagungshaus für Bildungsarbeit und Seminare sowie, seit 2006, die „Tagespflege" – hier werden zurzeit 15 demenzkranke Menschen aus der Umgebung, die jeden Morgen gebracht werden, tagsüber betreut. Lediglich vier Kommunemitglieder sind außerhalb beschäftigt; alle anderen Erwachsenen arbeiten in den projekteigenen Bereichen.

Die Kommune hat eine große gemeinsame Kasse. Da hinein fließen die Nettolöhne und Gewinne, die in den einzelnen Arbeitsfeldern erwirtschaftet werden. Aus dieser Kasse werden die Sozialversicherungen aller bezahlt, ebenso die Einkäufe der Küche und die Schuldentilgung der Gemeinschaft. Jede Kommunardin und jeder Kom-

munarde kann nach seinen Bedürfnissen Geld aus dem Kollektivtopf beanspruchen, auch wenn größere persönliche Anschaffungen nötig sind oder eine Urlaubsreise ansteht. „Es funktioniert", sagt Uli Barth, der von Beginn an dabei ist und in der Verwaltung der Kommune arbeitet.
Damit es funktionieren kann, braucht die bunte Truppe viele gemeinsame Überzeugungen, Transparenz und ein weit entwickeltes Verantwortungsbewusstsein der Einzelnen für das Ganze. „Ich will nicht mehr konkurrieren, beziehungslos und vereinzelt durch die Welt laufen. Ich will nicht mehr unter den herrschenden Bedingungen meine Arbeitskraft, meine Gesundheit, meine Energie ausbeuten lassen", schrieben die Pioniere der Kommune 1983 in ihr 20-seitiges Grundsatzpapier. Die ausgefeilten Prinzipien haben sich als praktikabel und weitsichtig erwiesen, denn sie gelten fortan.

Als Ziel wurde darin ein „kollektiver, menschlicherer Lebenszusammenhang" beschrieben. Entscheidungen sollten „gleichberechtigt diskutiert" und nach dem Konsensprinzip von möglichst allen mitgetragen werden. „Wir haben keinen Chef und keine Chefin, nicht für das Ganze und auch nicht für die einzelnen Arbeitsbereiche", erläutert Mo Auerswald, ebenfalls Gründungsmitglied. „Zu unseren Grundsätzen gehört der Wunsch nach einem hierarchiefreien Leben."

Die 80 Frauen, Männer und Kinder leben in zwölf Wohngruppen von unterschiedlicher Größe und Intensität. Es gibt eine reine Frauengruppe und auch eine Männer-WG. Sowohl die Wohngruppen als auch die verschiedenen Arbeitsbereiche fällen die sie betreffenden Entscheidungen eigenständig. Die großen organisatorischen, finanziellen und personellen Fragen der Kommune werden hingegen im wöchentlichen Gesamtplenum erörtert. Dort wird derzeit auch wieder verstärkt die Aufnahme von neuen Mitgliedern diskutiert. Wer hier einsteigen will, muss sich zu den Grundsätzen bekennen und sein gesamtes Vermögen einbringen. Auch werden Interessenten bevorzugt, die fachkompetent jene Arbeitsbereiche ergänzen können, in denen noch Mitarbeiter/innen gebraucht werden.

Nachhaltiges Leben und Wirtschaften wird in Niederkaufungen vielfältig umgesetzt: Mit einem abgasarmen Blockheizkraftwerk erzeugt die Gemeinschaft Wärme und Strom. Auf den Dächern arbeiten eine 50 KW-Photovoltaikanlage und Solarmodule für die Erhitzung des Brauchwassers. Das Regenwasser von den Dachflächen wird in die Waschmaschinen und Toilettenspülungen eingespeist. Haushaltsgeräte, Maschinen und Fahrzeuge werden gemeinschaftlich genutzt, weshalb man insgesamt mit wenig Gerätschaften auskommt. Die Kommune arbeitet vorzugsweise mit Recycling-Materialien, wodurch speziell im Baubereich viel eingespart werden kann. Die gute Wärmedämmung der Gebäude und die biologische Erzeugung der eigenen Lebensmittel tragen überdies zu einer positiven Ökobilanz bei.

An der Universität Kassel wurde diese Bilanz in einer vergleichenden Studie 2004 in Zahlen gefasst, also das Bemühen um Nachhaltigkeit gemessen. Maßstab waren die Kohlendioxid-Emissionen, die der Mensch durch seine

Lebensweise direkt oder indirekt in den Bereichen Wohnen, Ernährung und Mobilität erzeugt. Die Ergebnisse waren eindeutig: Während der deutsche Durchschnittsbürger für einen jährlichen CO_2-Ausstoß von über acht Tonnen sorgt, sind es in der Kommune Niederkaufungen exakt drei Tonnen.

Noch kleiner ist der ökologische Fußabdruck – so nennen die Wissenschaftler die Summe aller menschlichen Umweltbeeinträchtigungen – im Ökodorf Sieben Linden. Die Bewohner hinterlassen lediglich zweieinhalb Tonnen CO_2-Äquivalente pro Person und Jahr, wie die Kassler Studie erbrachte. Die bestechende Ökobilanz ergibt sich, weil sich in dem alternativen Dorf ein einfaches Leben verbindet mit Spiritualität, Selbstversorgung und der Nutzung erneuerbarer Energien. Dass der indirekte CO_2-Ausstoß in Sieben Linden nochmals deutlich unter dem der Kommune Niederkaufungen liegt, führen die Forscher vor allem auf die Ernährung zurück: Die Ökodörfler essen überwiegend vegetarisch oder gar vegan (was den Verzicht auf sämtliche tierische Produkte bedeutet).

Als „ganzheitliches Dorf" und als „Ort für persönliches Wachstum, für Suchende, die keine fertigen Antworten brauchen", so begreift sich das Projekt Sieben Linden in der Altmark, in dem im Sommer 2010 85 Erwachsene und 37 Kinder zu Hause sind. Die als Genossenschaft organisierte Gemeinschaft hat sich als Ziel gesetzt, eine sozial und ökologisch ausgerichtete Siedlung für bis zu 300 Menschen aufzubauen. Sieben Linden wuchs ab 1997 fast aus dem Nichts. Rund 80 Hektar – das entspricht einer Fläche von 160 Fußballfeldern – wurden in der Nähe von

Salzwedel in Besitz genommen. Nur ein alter, leer stehender Bauernhof befand sich auf dem Gelände.

Die ersten beiden Wohnhäuser für 20 Personen wurden im Jahre 2000 fertiggestellt; seitdem entstehen langsam, aber stetig weitere Gebäude. Beim ökologischen Bauen wurde Pionierarbeit geleistet, die weithin Aufsehen erregte: Das erste in Deutschland genehmigte Strohballen-Wohnhaus entstand in Sieben Linden, weitere innovative Gebäude in dieser Bauweise folgten. Derzeit gibt es neun Wohnhäuser, in denen jeweils zwischen fünf und 18 Menschen leben. Der Bau eines Gästehauses mit einer Aula für die Gemeinschaft soll 2011 beginnen. „Wir bauen nur im Niedrigenergie- und Passivhaus-Standard, und dabei verwenden wir nur regional verfügbare Rohstoffe", erläutert Julia Kommerell, seit elf Jahren Bewohnerin der Siedlung. Das Bauholz wird auf dem eigenen Grund geschlagen, denn über die Hälfte der Fläche von Sieben Linden ist Wald. Die Strohballen kommen vom Biobauern aus der direkten Umgebung. Der Lehm, mit dem die Häuser verputzt werden, entstammt teilweise dem eigenen Gelände.

Anders als in der Niederkaufunger Kommune mit ihrer strikt gemeinsamen Ökonomie werden in Sieben Linden verschiedene Formen des Wirtschaftens praktiziert. Alle Bewohner sind für ihren persönlichen Unterhalt zunächst selbst verantwortlich. Das Dorf mit seinen bisher geschaffenen Strukturen und Betrieben bietet eine begrenzte Zahl an Arbeitsstellen, sodass manche Ökodörfler ihr Geld außerhalb der Siedlung verdienen müssen. Es bestehen also sowohl individuelle als auch kollektive Arbeitsformen in unterschiedlicher rechtlicher Verfassung. Als langfristiges Ziel sollen in Sieben Linden gleichwohl „wirklich solidarische ökonomische Strukturen" aufgebaut werden.

Eine gemeinsame Haushaltskasse, aus der die Nahrungs-, Putz- und Waschmittel bezahlt werden, gibt es schon. Die Kinder des Dorfes werden hierbei von allen Erwachsenen gleichermaßen mitfinanziert. Von allen Bewohnern wird erwartet, dass sie sich neben ihrer qualifizierten Erwerbsarbeit auch ehrenamtlich betätigen: Die Arbeiten in den Haushalten und Gemeinschaftsaktionen werden so bewältigt.

„Im Mittelpunkt unseres Tuns und Denkens steht die Verantwortung für die Welt, in der wir leben", heißt es im Grundsatzpapier von Sieben Linden. Naturverträgliches Leben und Arbeiten, überschaubare Strukturen und weitgehende Selbstversorgung – darin sehen die Dorfbewohner die Fundamente ihrer Gemeinschaft. Sie propagieren ein verständnisvolles transparentes Miteinander und versuchen ebenfalls, Entscheidungen im Konsens zu fällen.

Einen nachhaltigen Lebensstil wollen sie in möglichst vielen Bereichen realisieren: Selbstversorgung nicht nur mit Lebensmitteln und natürlichen Baumaterialien, sondern auch mit solaren Energien, mit eigenem Trinkwasser aus Brunnen und mit pflanzlicher Abwasserklärung, mit eigenen sozialen, medizinischen, pädagogischen und kulturellen Angeboten. Wer diese Vision einer ganzheitlichen Dorfstruktur mitverwirklichen will und sich zudem finanziell beteiligen kann, der (oder die) kann in Sieben Linden ein neues Zuhause finden.

Ökodörfer und intentionale Gemeinschaften – so heißen die Wohn- und Arbeitsprojekte, deren Mitglieder gemeinsame ideelle Ziele verfolgen – führten lange Jahre ein Nischendasein. Diese Phase scheint vorüber zu sein. Die geballte Krisenhaftigkeit der Mainstream-Gesellschaft und die akute Bedrohung der Ökosysteme lassen Wissenschaftler, Medien und auch schon einige Politiker nach Rettungsankern suchen. „Gemeinschaften und Ökodörfer können unter diesem Aspekt als Laboratorien der Gesellschaft gesehen werden", schreibt Martin Stengel im Vorwort zum „Eurotopia-Verzeichnis" 2009. In diesen Experimentierstätten gebe es „lebendige Antworten" auf die großen Fragen nach der Gestaltung zukunftsfähiger menschlicher Gesellschaften.

Sieben Linden und die Kommune Niederkaufungen gehören zu den größten und bekanntesten alternativen Wohn- und Arbeitsgemeinschaften in Deutschland. Es gibt daneben eine enorme Vielfalt von meist kleineren intentionalen Projekten in allen Regionen der Bundesrepublik. Die meisten von ihnen bezeichnen sich als ökologisch, gewaltfrei, spirituell ausgerichtet, betreiben biologischen Gartenbau/Landwirtschaft, beschäftigen sich mit erneuerbaren Energien und biologischem Bauen. Im „Eurotopia-Verzeichnis" werden 160 Gemeinschaften und Ökodörfer in Deutschland sowie 230 in vielen anderen Ländern Europas mit Kontaktadressen und Selbstbeschreibungen vorgestellt.

Wenn wir der globalen Krise ganzheitlich begegnen wollen, erfordert das ein tiefes Gewahrsein der gegenseitigen Abhängigkeit aller Dinge und Erscheinungen. Auch wenn viele Menschen intellektuell be-

greifen, dass das Fahren eines Autos zum Schmelzen der Polkappen beiträgt, lassen nur wenige von uns zu, dass diese Tatsache unser Wesen emotional wirklich berührt. Falls wir es täten, wären wir gezwungen, unser Leben drastisch zu verändern. Diese Arbeit, die Integration von Herz und Kopf, ist ein essentieller Bestandteil des Lebens in einem Ökodorfprojekt. Wenn Gemeinschaften das Wissen um objektive und subjektive Verbundenheit integrieren, dann erreichen sie Synergien, bei denen das Ganze mehr wird als die Summe der Teile.

Karen Litfin

Entschleunigung und Selbstbegrenzung

Ein gelungenes Leben ist mit Geld nicht zu kaufen. Alle, die sich mit Überfluss Glück erschaffen wollen, müssen schließlich das Scheitern ihres Ansinnens erkennen. Materielle Überfrachtung erzeugt vielmehr neue Abhängigkeiten, Pflichten und Sorgen. Das Überangebot an Waren und ihr schneller Verschleiß überfordern zudem die Orientierungs- und Entscheidungsfähigkeit der Menschen.

„Kaum einer fühlt sich mehr durch die Explosion der Möglichkeiten befreit, vielmehr walten Verunsicherung und Verwirrung", beschreibt der Soziologieprofessor Wolfgang Sachs (Universität Kassel) in einer Studie die Lage. Wer unter diesen Umständen Herr seiner Wünsche bleiben wolle, müsse „eine ganz neue Fähigkeit lernen: Dinge abzuwählen, sie auszuwählen und nein zu sagen".

„Von nichts zu viel" lautete schon im altgriechischen Delphi vor zweieinhalbtausend Jahren ein Leitspruch. Seine Urheber wussten, dass der Überfluss die klare Sicht nimmt und Potentiale blockiert. Der Philosophie ist diese Einsicht seit je geläufig, auch im Volkswissen war sie lange verankert. Seit aber unsere ganze Gesellschaft auf der Überholspur verweilt, hat der gesunde Menschenverstand gelitten.

In den Jahrzehnten des fetten Wohlstands ist viel verloren gegangen. Allmählich wird dies in vielen Bereichen der Gesellschaft offenbar. Der Konsumkult, so lässt sich bilanzieren, hat bewährte soziale Strukturen gekippt oder ausgehöhlt. Mit dem Wohlstand wuchs der Egoismus, und dementsprechend rissen die familiären und anderen sozialen Beziehungsnetze. „Die Polung auf das Warenglück ist für eine Reihe sozialer Pathologien verantwortlich wie Vereinzelung, Depression oder Größenwahn", meint Wolfgang Sachs. Höchste Zeit also, zu entschleunigen und sich zu beschränken!

Gewiss gibt es auch in Deutschland viele Familien und Einzelpersonen mit sehr niedrigem Einkommen, die den Ruf nach Selbstbegrenzung eher als Hohn empfinden. Für sie muss selbstverständlich gelten, zunächst ihre unmittelbaren Lebensbedürfnisse decken zu können. Die Adressaten des Rufes nach Mäßigung und Minderung hingegen sind in den westlichen Ländern in der Mehrheit, es dürften etwa zwei Drittel der Bevölkerung sein. Und *sie* sind es tatsächlich auch, die trotz höherer Bildung und höherem Umweltbewusstsein deutlich mehr zum Ressourcenverbrauch und zur Klimaschädigung beitragen als die Wenigverdiener.

Die aktuelle Entwicklung der sozialen, wirtschaftlichen und ökologischen Gegebenheiten stärkt neues Denken. Sie fördert allmählich die Bereitschaft, den persönlichen Lebensstil zu revidieren. Die Zahl jener Menschen wächst, denen es wichtiger ist, Zeit für Kinder, für Muße und Vergnügungen, für die Pflege sozialer Kontakte zu haben, als das Bruttosozialprodukt zu steigern. Dies hat die britische Sozialforscherin Madeleine Bunting herausgefunden. „Es schiebt sich", assistiert Wolfgang Sachs, „die Einsicht nach vorn, dass Fortschritt auch darin liegen kann, dem Tempo Widerstand zu bieten und Zonen langsamer Zeitmaße zu verteidigen."

Gegen das Volksleiden Stress gibt es nur eine wirksame Arznei: die Entschleunigung. Es gilt für viele, zu erkennen, dass sie sich die Messlatte des Lebens zu hoch gehängt haben. Wir haben unsere Ansprüche zu hoch geschraubt, auch schrauben lassen. Wir wollen zu viel und das möglichst gleichzeitig; und wir sind vom allgemeinen Getöse so betäubt, dies auch noch für gut und richtig zu halten.

Was viele verdrängt haben: Wir leben in einem freiheitlichen System. Wir müssen den Moden und Marotten nicht folgen, uns ebenso keinen Erwartungen oder vermeintlichen Zwängen bezüglich unserer Ausstattung beugen. Es braucht nicht viel Mut, Nein zu sagen. Dies ist der erste Schritt, um aus der Konsumspirale auszusteigen. Für den zweiten sollten wir uns genug Zeit und Muße nehmen: Für gründliches Nachdenken darüber, was wir uns abseits der käuflichen Dinge noch vom Leben erhoffen und wie wir dies erreichen können.

Ansatzpunkte und Ziele gibt es zu Genüge. Ganz allgemein schlummert in den meisten Menschen der Wunsch nach mehr Lebenssinn und -qualität. Und so banal es klingt: Wenn Sie Ihre materiellen Ansprüche verkleinern, ist schon der erste Schritt auf dem Weg zu den neuen Zielen getan. Die Sozialforschung bestätigt dies: „Dass ein Übermaß an Lebensstandard die Lebensqualität vermindern kann, gehört zu den Lektionen, die wohlhabende Gesellschaften mittlerweile lernen mussten", heißt es in der Studie „Zukunftsfähiges Deutschland". Und weiter: „Weniger Wirtschaftsleistung schont nicht nur Ressourcen, sondern schafft Raum für ein besseres Leben."

Die Entschleunigung beginnt damit, sich selbst langsamer zu bewegen, also das Auto öfter stehen zu lassen oder auf Flugreisen zu verzichten. Wem dieses Ansinnen eine saure Miene bereitet, dem möchte ich in den nächsten Kapiteln wunderbare und lohnende Alternativen zur schnellen Mobilität vorstellen.

Entschleunigung ist die Gegenbewegung zur Globalisierung. Der grenzenlose Strom der Waren und Dienstleistungen hat das billige und jederzeitige Konsumieren von allem an fast allen Punkten des Globus möglich gemacht. Aber der Preis dafür, also die gigantische Aufblähung des Verkehrs mit seinen umweltschädigenden Folgen und die Zerstörung der regionalen Märkte und Strukturen, ist immer mehr Menschen zu hoch. Nur dieses neue Bewusstsein beim Endverbraucher kann letztlich bewirken, dass das Pendel kräftig in die Gegenrichtung ausschlägt. Naturverträgliches Wirtschaften setzt voraus, die Waren wieder verstärkt aus der heimischen Region zu beziehen. Und es bedeutet, auf Erdbeeren im Winter, auf Äpfel aus Chile, auf schadstoffstrotzendes Spielzeug aus China und einiges mehr zu verzichten.

Die Selbstbegrenzung beim Konsum ist ein heikles Thema. Man kann sie niemandem abverlangen, sie muss aus Einsicht reifen. Erst wenn wir von den Vorteilen der Mäßigung vollends überzeugt sind, können wir neidlos verzichten. Doch diese Vorteile, drängen sie nicht mit Macht in unser Blickfeld? Mit einem deutlich gezügelten Konsumieren tragen wir zum Klima- und Ressourcenschutz bei, unsere Gesundheit und unser Allgemeinbefinden profitieren, wir schaffen uns Freiheiten und Freiräume, wir machen unser Leben einfacher, übersichtlicher und kreativer.

Die Selbstbeschränkung schenkt uns Zufriedenheit. Auf diesen Sachverhalt haben in den vergangenen Jahren mehrere Buchautoren hingewiesen. Unter anderen beschrieb Barry Schwartz, „warum weniger glücklich macht", so auch der Untertitel seines Buches „Anleitung zur Unzufriedenheit". Die Publikationen lehren uns, dass Lebenszufriedenheit „außer für eine kurze Zeitspanne" nicht durch äußere Umstände wie Konsum oder Reichtum entsteht, sondern von einer inneren Haltung herrührt.

Auf die Befunde der Glücksforschung bezieht sich auch Michael Kopatz in seinem Beitrag „Achtsam leben": „Menschen mit einer auf Außenwirkung bedachten Lebensorientierung, die etwa nach Reichtum, Ruhm oder Attraktivität streben, haben weniger Chancen auf Lebenszufriedenheit als jene, die auf die Pflege sozialer Beziehungen und die Vertiefung ihrer persönlichen Projekte setzen." Die Belohnungen von außen, seien es Geld, Applaus oder Bewunderung, könnten das Wohlbefinden nicht so sehr steigern wie etwa die Fähigkeit, sich persönliche Ziele zu stecken, sich für sie zu verausgaben und sie schließlich zu erreichen.

Ein weiterer Lohn der Selbstbegrenzung sind Zugewinne an Unabhängigkeit und Freiheit. In wie viele Zwänge, zum Beispiel, manövrieren wir uns mit der exzessiven Anschaffung von technischen Geräten? Für ihren Kauf müssen wir arbeiten, und dann schenken wir ihnen auch noch unsere Freizeit, indem wir endlos gebannt in sie hineinstarren, sie mannigfach umsorgen. „Erst wenn man imstande ist, weniger zu wollen, kann man Herr über die eigenen Bedürfnisse bleiben", schreibt Michael Kopatz. Die Mäßigung der Ansprüche sei „der kürzeste und sicherste Weg zum Glück. Er liegt in der eigenen Macht und bedeutet einen Gewinn an Unabhängigkeit."

Genug der Theorie. Und nun zur Praxis:

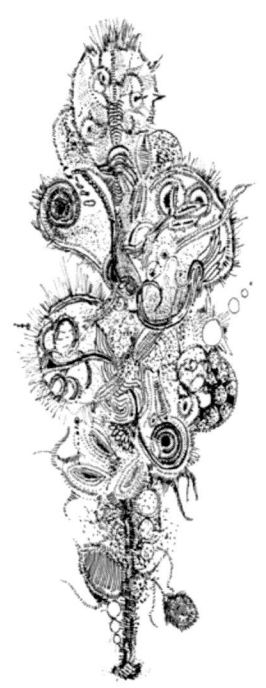

Die Befreiung – Was wir alles nicht brauchen

Wer seinen Kopf über der Warenschwemme halten möchte, wird die hohe Kunst der Einfachheit pflegen, ansonsten zerfasert sein Leben. Sparsam im Haben, aber großzügig im Sein, so lautet die Devise der Zukunftsfähigkeit für einen selbst wie für die Gesellschaft.

Michael Kopatz

Ich höre die bösen Zungen schon lästern: Hier will uns jemand Spaß und Genuss verderben! All die schönen Dinge, die wir uns hart erschuftet haben, will der uns madig machen. Dem entgegne ich: Kann man Spaß wirklich kaufen, entsteht der nicht eher aus Humor? Auch das Genießen ist nicht zwangsläufig ans Portemonnaie gebunden.

„Wer nicht genießt, ist ungenießbar", singt der Liedermacher Konstantin Wecker. Und recht hat er: Wer nicht genießt, verhärmt. Das Leben bietet eine breite Palette von Genüssen, für die wir nicht oder zumindest nicht tief in die Tasche greifen müssen. Ein orange- oder scharlachrot leuchtender Sonnenuntergang, Schwimmen in einem Waldsee an einem heißen Sommertag, oder wie im Frühling die erste Ernte der selbst gesäten Radieschen im Munde knackt und zergeht – all dies bedeutet puren Genuss, schön und für eine Weile völlig erfüllend. Oder: ein Saunabesuch an einem nasskalten Wintertag, eine Wanderung durch den bunten Herbstwald, ein fantasievoll selbst bereitetes Essen, ein virtuoses Musik- oder Theaterstück.

Wer solche Erlebnisse noch tatsächlich schätzt, ist reich. Kommt ein erfülltes Familien- oder Privatleben hinzu, kann man sich als Krösus fühlen. Wer in ein lachendes Kindergesicht schauen kann, muss doch den Blick auf seinen neuen Flachbildschirm als Strafe empfinden. Er kann niemals auch nur halb so werthaltig und erfüllend sein.

Alltagsstress, gesellschaftlicher Gruppendruck, ein Berg Schulden, dazu die Einflüsterungen eines dekadenten Hedonismus – ein Kombinat aus Ursachen verstellt uns heute den Blick auf das Wahre, Schöne, Gute. Gleichwohl wird uns die Zukunft zwingen, unseren ethischen Kompass neu zu justieren. Schaffen wir das nicht aus uns selbst heraus, wird ein einst blumig-hippes Motto umgewandelt werden zu „Small is dutyful" – zur Anordnung „Weniger ist Pflicht".

Die Möglichkeiten und Strategien, das eigene Leben bescheidener zu gestalten, sind vielfältig. Noch hat der Mensch genügend individuelle Freiheit, sein ganz persönliches Programm gegen Konsumterror und Wachstumswahn zu gestalten. Entscheidend ist, im persönlichen Alltag einen Anfang zu machen, sodass daraus ein dynamischer Prozess entstehen kann. Denn Sie werden sehen: Sobald Sie ein materielles *Haben-Muss* oder ein *Haben-Will* aus Ihrem Leben streichen, gewinnen Sie andere Dinge hinzu: mehr Zeit, mehr Freiheit, Chancen zu neuer Kreativität.

Wem dies alles zu wolkig ist, dem will ich nun auch ein paar Steigbügel für die Praxis reichen. Fühlen Sie sich dabei nicht von allem angesprochen, denn manches passt gewiss nicht zu Ihrem Leben, oder? Mutiges Ausprobieren zeigt Ihnen, was geht und wo's lang geht.

Schaffen Sie die Glotze aus der Wohnung! Nicht erst seit Marcel Reich-Ranickis Auftritt bei einer ZDF-Gala im Herbst 2008 wissen wir, dass das Fernsehen im Großen und Ganzen eine Verdummungsmaschine ist. Es schlafft Sie körperlich ab und stiehlt Ihnen alle Zeit. Unterhaltung kann man sich nicht nur bieten lassen, sondern auch selbst führen. Sollten Sie alleine leben, organisieren Sie einen Plauder- oder Spielezirkel mit Bekannten. Weitere kreative Ideen kommen Ihnen dann automatisch, Sie werden sehen!

Schaffen Sie Ihren Zweitwagen ab, den ersten am besten auch noch! Oder, wenn Sie Ihr Gefährt tatsächlich brauchen, etwa um zur Arbeitsstelle zu gelangen, ersetzen Sie Ihren Sechszylinder durch einen Kleinwagen. Der bringt Sie genauso zuverlässig von A nach B, und allein darauf kommt es doch an! Psychologen wissen: Käufer von dicken Autos treibt vor allem der Wunsch an, ihren Status zu dokumentieren oder ihr mangelndes Selbstwertgefühl zu kompensieren. Hohler Mumpitz, das.

Wenn Sie in einer größeren Stadt wohnen und nur gelegentlich ein Auto brauchen, nutzen Sie die Möglichkeit des professionell angebotenen *Carsharing*. Dabei zahlen Sie als Festkunde dem Anbieter des Fuhrparks eine geringe Grundgebühr und können ganz nach Bedarf seine Fahrzeuge nutzen. Ihre Fahrten werden dann einfach per Chipkarte dokumentiert und abgerechnet. Über 100.000 Menschen nutzen in vielen deutschen Städten bereits dieses System. Verkehrsexperten schätzen, dass ein erweitertes Carsharing-Angebot bundesweit bis zu zwei Millionen Kunden gewinnen könnte.

Aber auch in Kleinstädten und auf dem Lande, wo es solche Angebote nicht gibt, könnte auf viele Fahrten mit dem privaten Pkw verzichtet werden. Gewohnheit, Bequemlichkeit und Gedankenlosigkeit führen dazu, dass auch die Kurzstrecken weiterhin mit dem Auto zurückgelegt werden. Das Umweltbundesamt hat errechnet: Wenn nur ein Drittel der Autofahrten bis sechs Kilometer Länge entfiele und die Strecke stattdessen mit dem Fahrrad absolviert würde, könnte der jährliche bundesweite CO_2-Ausstoß um rund sieben Millionen Tonnen verringert werden.

Befreien Sie sich von Ihrer nächsten Flugreise! Es wäre im Interesse der lärmgeplagten Flughafen-Anwohner und selbstverständlich im Sinne des Klimaschutzes. Den größten Gefallen könnten Sie sich damit aber selbst tun: Wenn Sie ersatzweise eine längere Wanderung starten, werden Sie ganz neue Qualitäten von Urlaub und Erlebnis kennenlernen. Pilger beispielsweise wissen um den reichen Lohn des Fernwanderns: eine große Fülle von originellen Details, die sich unterwegs in den Land- und Ortschaften offenbaren, Selbsterfahrung und -erkenntnis (auch bezüglich der eigenen Grenzen), viele Begegnungen der besonderen Art – mit denk- und merkwürdigen Menschen, den Geheimnissen der Tier- und Pflanzenwelt, überwältigenden Naturschauspielen. Von allen Reisenden ist der Wanderer am nächsten dran. Ihm gehört das intensivste Erleben.

Ziehen Sie aufs Land! Sollte es keine zwingenden Gründe für Ihren Verbleib in oder nahe der großen Stadt geben, erwägen Sie einen Umzug. Lohnenswert ist es, einen kleinen Wohnort zu suchen, der mindestens 50, besser 80 Kilometer von einem Ballungsraum entfernt ist. Der größte Vorzug: Eine Wohnung oder ein Haus erhalten Sie hier oft zu einem Bruchteil dessen, was Sie bisher bezahlt haben.

Durch die seit Langem anhaltende Landflucht (Geld und Karriere locken!) gibt es in vielen Dörfern eine große Anzahl leer stehender Häuser und Wohnungen, deren Kauf- oder Mietpreis Sie in basses Erstaunen versetzen wird. Ein Beispiel? Erst Anfang 2009 erwarb eine Frau aus meinem Bekanntenkreis in unserem Wohnort ein Sechs-Zimmer-Haus – ein etwa 80 Jahre altes, massives Gebäude in gutem Zustand mit einem 1.000-Qudratmeter-Grundstück, direkt am Waldrand gelegen – für 50.000 Euro. „Bei uns bezahlen die Leute so viel für ein Haus wie anderswo für ein Auto", klärte kürzlich die Wirtin unserer Gaststätte einen Besucher aus der Großstadt auf.

Wohnen Sie auf dem Lande oder zumindest nicht mehr mitten in einer Stadt, eröffnen sich weitere spannende Möglichkeiten der Kostendämpfung. Der Anbau von Gemüse und Obst drängt sich geradezu auf, brachliegende Flächen gibt es zu Genüge! Weil man dabei nicht nur eine Menge Geld sparen, sondern in doppelter Hinsicht etwas für seine Gesundheit tun kann (durch das Mehr an Bewegung und die Ernte von unbelasteten Nahrungsmitteln), will ich dem Gärtnern später ein eigenes Kapitel widmen. Zudem lässt sich auf dem Lande, wo ein Wald meist in erreichbarer Entfernung wächst, ein anderer großer Kostenfaktor deutlich reduzieren: die Heizkosten. In unserem Haus habe ich im Laufe der Jahre zwei voneinander unabhängige Heizsysteme installiert, die ausschließlich mit Holz befeuert werden, und zwar einen Kachelofen und einen Zentralheizungsherd. Beide beheizen jeweils vier Räume und schlucken zusammen rund 15 Festmeter Holz im Jahr. Diese kosten mich rund 300 Euro, weil ich selbst im Wald Hand anlege. Die jährlichen Heizöl- oder Gasrechnungen von Hausbesitzern belaufen sich bekanntlich zuweilen auf das Zehnfache unserer Kosten.

Weiter mit der Technik: Auch auf die Gefahr hin, dass Sie mich für einen schrägen Schrat halten, empfehle ich Ihnen den Verzicht auf Handy und Computer! Gewiss, in einigen Berufen mag ein Mobiltelefon unerlässlich sein und auch Leben retten können, und in den meisten Firmen läuft ohne Computer nichts mehr. Aber in Ihrem Privatleben dürfen Sie immer noch „Nein" dazu sagen. Selbst ein kleiner Handwerksbetrieb, das weiß ich aus eigener Erfahrung, ist nicht zwingend auf einen Computer angewiesen. Es geht tatsächlich ohne. Und es vergnügt mich sehr zu sehen, wie viel Zeit und Freiheit mir dies verschafft.

Computer und Handys sind ja nicht mehr bloß Werkzeuge oder technische Hilfsmittel. Sie sind Kult und haben ein Eigenleben entwickelt, das ihre Besitzer ständig fordert: Nach ihrer Anschaffung geht es ja erst los mit dem Programmieren und Formatieren, Virenschutz aktivieren, Internet konsumieren, Um- und Nachrüstungen installieren. Mobiltelefone wollen immer wieder über Akkus beladen und mit Karten oder Verträgen gefüttert werden, bevor sie im Funkloch versinken und sich selbst infrage stellen.

Die modernen Kommunikationsgeräte haben sich auch durchgesetzt, weil die Vereinzelung (und oft auch Vereinsamung) der Menschen in der heutigen Zeit ein Vakuum geschaffen hat. Die direkte Kommunikation zu einem anderen Menschen ist nicht mehr da oder gestört. Computer und Handy schaffen einen virtuellen Ersatz, sind Pseudobalsam für die Seele. Die Tamagochi-Kultur, von den Kindern einst als zu öde und zwanghaft verworfen, beherrscht nun die Erwachsenenwelt.

Verzichten Sie auf ausgesprochene Stromfresser wie etwa Wäschetrockner und Klimaanlagen! Ist es nicht ein Aberwitz, sich mit einer Klimaanlage vor den Auswirkungen des Klimawandels schützen zu wollen, mit dem Gerät aber im Endeffekt die Erderwärmung zu forcieren? Die Wäsche trocknet nach wie vor auch auf der Leine oder einem Ständer, so viel Zeit sollte sein.

Beim Abräumen des Überflusses erst einmal richtig in Fahrt, finden Sie mit Freude weitere Aktionsfelder: Bringen Sie Ihre Medikamente in die Apotheke zurück – die meisten brauchen Sie nicht mehr, wenn Sie zu einem aktiveren Leben finden. Halbieren Sie den Verbrauch Ihrer Putz- und Pflegemittel – es wird keine negativen Folgen haben, denn auf *dem* Gebiet herrscht Übertreibung. Trennen Sie sich von allen Kleidungsstücken, die Sie mindestens zehn Monate nicht mehr getragen haben – sie sind überflüssig. Nutzen Sie bei Bedarf Second-Hand-Angebote – zum Beispiel bei Möbeln und Kleidung lässt sich gute Qualität für wenig Geld erwerben. Sparen Sie wertvolles Trinkwasser, indem Sie Regenwasser in Ihre Toilettenspülung und Waschmaschine einspeisen – die Kosten einer entsprechenden Anlage (Tank, Pumpe, Leitungen) haben sich bei uns nach etwa fünf Jahren amortisiert.

Reduzieren Sie Ihre Vorräte an Geschirr und Küchengeräten, platzgreifendem Plüsch und Plunder. Schon wieder sind ein, zwei Schränke und Regale überflüssig und können verschenkt werden. Schaffen Sie Platz in Ihrer Wohnung, es tut nur gut. Sie könnten dann an kalten Winterabenden mit Ihrem Nachwuchs Ballspiele in der Wohnung veranstalten. Das Entrümpeln wunderbar illustriert haben Werner Tiki Küstenmacher und Lothar J. Seiwert in ihrem Bestseller „Simplify your life" mit der Erkenntnis: „Befreien Sie sich von Ballast, denn fliegen können Sie nur mit leichtem Gepäck."

Überfrachtung der Zimmer und chronische Unordnung ist laut Küstenmacher und Seiwert nicht nur unpraktisch, sondern „ein dauerhafter Frontalangriff auf Ihren Körper und Ihre Seele". Zu viel Gerümpel im Haus („mehr als Sie bewältigen können") vermittle dem Besitzer unterschwellig ein Gefühl von Schwäche, Überlastung, Unfreiheit. Materielle Massigkeit versperrt uns Wege und Möglichkeiten, kostet (durch Anschaffung, Unterhaltung, Platz-Bedarf, Entsorgung) unnötig Geld und korreliert mit Übergewicht! Die „Simplify"-Autoren beziehen sich dabei auf die Erkenntnisse einer britischen Forscherin und schreiben: „Menschen mit viel Gerümpel im Haus haben häufig auch Übergewicht. Möglicherweise dienen beide, Körperfett und materielle Schätze, dem Selbstschutz. So wie Sie alte Erinnerungsstücke horten, hält auch Ihr Körper den Stoffwechsel zurück und schaltet auf ‚Sammeln'."

Die Liste der Befreiungsakte lässt sich fortsetzen: In Kleinhaushalten geht es sicher auch ohne Spülmaschine, überall ohne elektrische Zahnbürste, unterwegs ohne Navigationssystem und im Garten ohne Laubsauger. Schon viele Hochkulturen sind ohne solche Spielzeuge aufgeblüht. Warum sollte es also bei uns heute nicht mehr ohne gehen?

Pfeifen Sie auf die Moden! Kaum etwas in unserem Universum kommt mir so oberflächlich und unnütz vor. Staunend verfolge ich, wie in meiner eigenen Verwandtschaft nicht nur die Kleidung, sondern auch große Teile der Wohnungseinrichtung mit dem Zeitgeschmack wechseln müssen. Völlig intakte Gegenstände wandern in den Müll, weil sie nicht mehr als schick gelten und ihren Besitzern keinen Kick mehr verpassen. So ein Schmarrn!

Das Geschäft mit der Mode setzt darauf, dass sich die Käufer mit der Neuerwerbung auch die Aufmerksamkeit und Achtung ihrer Mitmenschen sichern. „Aber die vielen, die diesen Respekt zollen, sind einfach Heiden, man sollte ihnen einen Missionar schicken", fand schon vor 150 Jahren der amerikanische Philosoph Henry David Thoreau. Er hatte festgestellt, dass gemeinhin mehr Sorge darauf verwendet werde, „moderne oder saubere und ungeflickte Kleider zu haben als einen gesunden Verstand".

Legen Sie Ihre Armbanduhr ab! Selbst wenn Sie kein Mobiltelefon mit sich führen, das Ihnen die Uhrzeit mitteilen kann, werden Sie sich nicht in Zeitlosigkeit verlieren. Meine Erfahrung ist: Wer keine Uhr bei sich hat, entwickelt allmählich ein besseres, sogar ziemlich exaktes Zeitgefühl. An öffentlichen Gebäuden, in unseren Autos und Wohnungen gibt es genügend Zeitmesser, sodass sie in der Regel am Körper entbehrlich sind. Durch den regelmäßigen, oft unbewussten Blick auf den gedrehten Unterarm versetzen wir uns unnötigerweise in einen Dauerstress. Denn wir zerhacken gedanklich den Tag und geben uns das permanente Gefühl, etwas verpassen zu können.

Geiz ist nicht geil und Großzügigkeit eine wunderbare Attitüde. Nicht in erster Linie, um Geld zu sparen, sollten wir die Notwendigkeit bestimmter Dinge infrage stellen. Sondern weil es sinnvoll ist und immer wichtiger wird, mit Ressourcen und Energie sparsamer umzugehen. Es darf uns doch nicht egal sein, welche Welt wir unseren Kindern und Enkeln hinterlassen, oder?

Aktiv sein – berauschend, preiswert und gesund

*Ist es verwunderlich,
dass der Mensch
seine Beweglichkeit verloren hat?
Hast du Augen,
so siehst du all sein Eigentum
hinter dem Menschen,
dem du begegnest.
Er scheint vorgeschirrt zu sein
und versucht nun, mit seiner Last
so schnell als möglich
voranzukommen.*

Henry David Thoreau

Wie wir an manchen Beispielen im letzten Kapitel gesehen haben, ist materielle Bescheidenheit meist nicht bequem, oft genau das Gegenteil davon. Daher ist sie auch weithin so unpopulär. Die Antreiber des Wachstums haben die Bequemlichkeit zum größten Ideal der Wohlstandsära erkoren. So konnten vor allem Geräte und Techniken, die dem Menschen Bewegung ersparen, zu dauerhaften Hits werden. Ob Brotschneidemaschine oder Fernbedienung, ob Automobil oder Homebanking – all das ist attraktiv, weil bequem. Der Bequeme ist ein eifriger Konsument, ein Garant des kritiklosen Weiter-So.

In den reichen Ländern der Erde gibt es kein gesundes Verhältnis zwischen Bewegung und Ernährung mehr. Fett- und zuckerreiches Essen einerseits, zu langes Sitzen am Arbeitsplatz oder vor Computern und Fernsehgeräten zu Hause andererseits sind die Gründe der Misere. In ihrer Kombination haben sie die Volksgesundheit völlig aus dem Lot gebracht. Sie sind für die meisten Zivilisationskrankheiten direkt verantwortlich.

Dies hat 2009 eine groß angelegte Studie, die das Deutsche Institut für Ernährungsforschung (Potsdam) durchführte, eindrucksvoll untermauert. Dabei war der Lebensstil von 23.000 Menschen aus Brandenburg acht Jahre lang verfolgt worden. Konkret sollte herausgefunden werden, wie sehr die Lebensweise der Frauen und Männer für das Auftreten der Volkskrankheiten Diabetes 2, Herzinfarkt, Schlaganfall und Krebs verantwortlich ist. Das Ergebnis war so eindeutig, dass selbst die Forscher überrascht waren: Wer jede Woche mindestens dreieinhalb Stunden Sport treibt oder sich anderweitig intensiv bewegt, dazu nicht raucht und sich ausgewogen ernährt, dessen Krankheitsrisiko sinkt um 78 Prozent.

Experten schätzen, dass über zwei Drittel der gesamten Krankheitslast in Deutschland vermieden werden könnten, wenn sich die Menschen mehr bewegen und besser ernähren würden. Immerhin beliefen sich die Kosten des Krankheitswesens im Jahre 2007 in der Bundesrepublik auf rund 253 Milliarden Euro. Jeder zehnte Deutsche leidet heute an der Zuckerkrankheit. 90 Prozent aller Diabetesfälle, so wissen die Forscher, werde durch den Lebenswandel ausgelöst – die Ursachen: neben zuckerreicher Ernährung vor allem der „widernatürliche Bewegungsmangel".

Dabei wäre Abhilfe so einfach: Wenn Sie Kurzstrecken regelmäßig mit dem Fahrrad, statt mit dem Auto zurücklegen, fördern Sie Ihre Gesundheit, vertragen problemlos auch weiterhin reichhaltige Mahlzeiten und leisten einen Beitrag zum Klimaschutz. Gegen den Bewegungsmangel lässt sich gewiss auch im Fitnessstudio etwas tun. Der Ansatz aber, mit dem Auto dorthin zu fahren, um sich dann auf dem Ergometer abzustrampeln, scheint verbesserungswürdig.

In Dänemark und den Niederlanden radeln die Menschen durchschnittlich rund 1.000 Kilometer im Jahr. Die Deutschen kommen dagegen auf nur etwa 300 Kilometer. Hier ist also noch viel Luft nach oben, besonders in den Städten: Nahziele bis zu fünf Kilometer Entfernung erreichen Sie oft schneller mit dem Fahrrad. Denn der Radler steht nicht im Stau, muss keinen Parkplatz suchen und kann selbst in Fußgängerzonen bis vor die Ladentür fahren.

Diese Fakten sind sicherlich keine umwerfenden Neuigkeiten, sondern vielen bewusst. Gleichwohl benutzt die Mehrheit immer noch gedankenlos das Auto oder versackt daheim als Couch-Potatoe. Scheinbar muss der äußere Veränderungsdruck noch wachsen, damit die Menschen aus dieser Lethargie, mit der sie sich keinerlei Gefallen tun, herausfinden.

Das Durchforsten und Verschlanken unserer Konsumgewohnheiten bringt uns auf Trab. Manche Dienstleistung, die wir uns erkaufen, könnten wir auch selbst erledigen, manches Produkt tatsächlich selbst erzeugen. Unser Alltag gewänne an Abwechslung und Kreativität. Wir würden ihn als ganzheitlicher und befriedigender empfinden.

Mehr Bewegung kuriert uns, macht uns belastbar und beschwingt. Leider ist die Notwendigkeit echter Bewegung aus dem Arbeitsalltag vieler Menschen fast ganz verschwunden. Die Ärmsten sitzen den größten Teil ihrer Arbeitszeit fast unbewegt vor einem Bildschirm. Ihnen wird empfohlen, zum Ausgleich regelmäßig Sport zu treiben, möglichst täglich, und die Klugen tun das auch. Damit freilich verschlingt der Job weitere, unbezahlte Zeit: Die Kompensation seines Mangels, also der Ausgleichssport, nimmt viele Stunden unserer Freizeit in Anspruch.

Das Joggen hat seine Daseinsberechtigung und tut unserem Körper überwiegend gut. Doch unser Geist wirft ein: Welch gekünstelte und monotone Rennerei; wenn wir dabei wenigstens wie die Landkinder in Afrika als Ziel eine Schule hätten!

Die Designer der Arbeitswelt haben also das große Projekt vor sich, den Menschen im Job mehr Aktion zu verschaffen. Dies wäre wahrhaft sinnvoll, denn es würde der Gesundheit, dem Stressabbau und dem Betriebsklima dienen. Innerhalb von so manchem Betrieb könnten bestimmte Fahrzeuge, Maschinen und Geräte eingespart werden – zumindest solche, die keine entscheidende Effizienzsteigerung erbracht haben. Körperliche Arbeit freilich, so sinnvoll sie sein mag, rennt meist vergebens gegen Bequemlichkeit und Technikgläubigkeit an. Eine Neubewertung wäre hier wünschenswert.

Die Evolution hat dem Menschen ein intensives Bewegungsprogramm verordnet. Die Frühmenschen legten als Jäger und Sammler rund 40 Kilometer am Tag zurück –

und das über Ewigkeiten. Unser Körper braucht deshalb auch heute noch regelmäßige Bewegungsanreize, um funktionieren zu können und gesund zu bleiben. Die intensive Bewegung, nicht etwa zum Scheitern verurteilte Diäten, schützt uns vor Fettleibigkeit, dem Ausgangspunkt von vielen Krankheiten des gesamten Organismus. Sie ist es auch, die unser Gehirn stimuliert, Botenstoffe aussendet und so neue Zellen produziert, wie die Hirnforschung unlängst herausgefunden hat.

„Die sesshafte Lebensweise ist gefährlich fürs Gehirn", fasste der Neurowissenschaftler Fernando Gomez-Pinilla die Ergebnisse seiner Untersuchungen an der University of California in Los Angeles 2008 zusammen. „Faul macht dumm" titelte daraufhin prägnant „Der Spiegel". Müßiggang sei im genetischen Programm des Menschen nicht vorgesehen; er bringe den Stoffwechsel des Gehirns ins Stocken und begünstige den Ausbruch von Krankheiten wie Alzheimer, Parkinson und Depressionen.

Körperliche Aktivität, das haben die Gelehrten umgekehrt herausgefunden, ist die beste Medizin gegen die meisten geistigen, seelischen und körperlichen Gebrechen. Strampeltests auf dem Ergometer ergaben, dass die Hirne der Testpersonen alsbald deutlich stärker durchblutet wurden, wodurch die Bildung von neuen Blutgefäßen und Nervenzellen angestoßen wird. Als Helfer fungieren dabei verschiedene Proteine, die durch ausdauernde Bewegung im Körper entstehen.

Geahnt haben wir solcherlei ja schon länger. Denn irgendwie wollten wir uns doch die wundersame Heilung des Lance Armstrong erklären. Der Amerikaner war in fortgeschrittenem Stadium an Krebs erkrankt, als er sich in Rage radelte und sieben Mal in Folge die Tour de France gewann.

Sogar seine Gefühle kann der Mensch durch Leibesübungen stimulieren. Exzessives Training mag den Körper vorübergehend ermatten, erzeugt aber im Kopf Euphorie, das sogenannte *runner's high*. Die Aktiven schwärmen schon länger davon, nur war dieses Phänomen lange Zeit wissenschaftlich nicht belegt. Deutsche Neurologen lieferten im Februar 2008 in Experimenten den Beweis: Die Menge der im Hirn von Testläufern ausgeschütteten Endorphine bestimmte direkt das Ausmaß ihres Hochgefühls.

Egal ob Sie lieber schwimmen, Rad fahren, tanzen, laufen oder Ballspiele betreiben – der positive Effekt ist stets gleich. Man braucht dafür keine High-Tech-Ausrüstung oder teure Hilfsmittel. Und das macht die Sache doppelt attraktiv: Fast zum Nulltarif können Sie gesund bleiben, sogar Krankheiten kurieren und obendrein Rauschzustände erleben.

Die neuen Erkenntnisse der Hirnforscher könnten helfen, bestimmte Tätigkeiten und Berufe wieder populärer zu machen. Die bewegungsreichen handwerklichen Arbeitsstellen erscheinen in neuem Licht, wenn man außer dem Lohn so viel Positives aus dem Job ziehen kann. Maurer und Müllwerker überholen Banker und Börsianer – welch bizarre Verwerfungen im Sozialranking. Im Streben nach Reichtum, Bequemlichkeit und Sauberkeit galt der Wohlstandsgesellschaft so mancher Beruf lange als verpönt, unangenehm, zu anstrengend. Die alten Ideale aber bröckeln. Die Zerstörungskraft unserer Wirtschaftsstrukturen und die Umweltkrise werden einiges umwerfen und neue Räume schaffen. Diese wollen aufgefüllt werden, mit neuen Werten und Idealen.

Ideale – Rüstzeug der Genügsamkeit

Meine Geschichtsstunde

Als kleines Mädchen fragte ich meinen Großvater,
was denn der rote Mann getan habe,
dass ihn der weiße Mann so hasse.
Mein Großvater antwortete, der rote Mann
sei in allem so rückständig gewesen:
Er habe sich vom Büffel genährt,
statt ihn zum Vergnügen abzuschießen.
Er habe sich an der Sonne orientiert,
statt auf eine Uhr zu schauen.
Er habe jenen Menschen für reich gehalten,
der viel hergab,
und nicht den, der viel besaß.
Er sei überzeugt gewesen,
ein Mensch würde im Alter weise,
statt nutzlos und schwach.
Sogar die Männer hätten ihr Haar lang getragen und
es geschmückt,
statt es kurz zu schneiden wie ein feiner Herr.
Der rote Mann habe den Fortschritt aufgehalten,
sagte mein Großvater.
Darum war es notwendig, ihn zu töten,
auch wenn er selbst kein Gewehr hatte,
und die übriggebliebenen umzuerziehen
in den Reservationen der Regierung.
Schließlich
hatte der rote Mann hier nichts zu suchen.
Wir alle wissen doch, dass Kolumbus Amerika entdeckt hat,
nicht wahr, Liebling?

Bonnie J. Silva

Eine Philosophie der Genügsamkeit kommt nicht ohne Werte, ohne Ideale aus. Je augenfälliger die Folgen von Gier und Rücksichtslosigkeit zu Tage treten, umso dringlicher wird ein neuer Wertekanon. Der Lockruf der Konsumwelt bannt uns wie einst die Sirenen den Seefahrer Odysseus. Wachs in die Ohren zu stopfen, wird allein nicht reichen. Helfen sollte eine auf Einsicht gebaute innere Stärke, eine unverkäufliche Haltung, die von Demut und Respekt getragen wird.

Ein solch „hohes Denken", so beschrieb es einmal der indische Freiheitskämpfer Mahatma Gandhi, „ist unverträglich mit einem komplizierten, auf großen Aufwand gegründeten materiellen Leben, das uns durch den Mammonskult aufgezwungen wird. Aller Charme des Lebens ist nur möglich, wenn wir die Kunst lernen, in edler Einfachheit zu leben".
Im Innern tragen wohl alle Menschen gewisse Ideale, die nichts mit käuflichen Dingen zu tun haben. Sie uns bewusst zu machen und entsprechend zu handeln, schenkt uns ein sinnreicheres, als erfüllter empfundenes Leben. Welche ideellen Werte sind es, die mit der Genügsamkeit korrespondieren, sie möglich oder gar attraktiv machen?

Schutz von Klima und Natur

Sieben Jahre, so verbreiteten unlängst die Medien, geben renommierte Klimaforscher dem Menschen noch zum Umsteuern. Dann sei der *tipping point*, von dem ab eine gravierende Erderwärmung nicht mehr zu bremsen sei, endgültig überschritten. Auch wenn dieser Zeitraum willkürlich gewählt scheint, ist klar: Die Zeit verrinnt schnell, und ein tatsächliches Umsteuern ist nicht in Sicht. Staat und Regierung sind überfordert damit, weil sie zu sehr Teil des Systems Wachstum und der globalen Wirtschaftsrallye sind. Das Tempo der weltweiten Naturzerstörung hat sich seit der Jahrtausendwende noch einmal verschärft, weil zu viele in Wirtschaft, Politik, Wissenschaft und in der Schar der Konsumenten vom hemmungslosen Raubbau profitieren.

Das Umweltbewusstsein war noch nie so ausgeprägt wie heute. Die Einsichtsfähigkeit der Menschen hat zugenommen. Die Bereitschaft aber, nach diesen Einsichten zu handeln, ist nach wie vor unterentwickelt. „Die Menschen", erklärte der Philosoph Hans Jonas 1992, „können sich nicht frei machen von den Sachzwängen, in die sie sich mit dem technologischen Anschlag auf die Natur begeben haben. Der Raubbau an der Natur ist übergegangen in die Lebensgewohnheiten."
Jonas meinte zwar, dass sich nur jener zu einer wirklichen Revision seiner Lebensführung durchringe, der unmittelbar und akut bedroht sei: „Es könnte sein, dass es schon ziemlich schlimm kommen muss, damit man aus dem Rausch immer wachsender Bedürfnisse und ihrer unbegrenzten Befriedigung zurückkehrt zu einem Niveau, das mit dem Fortbestand der Umwelt verträglich ist." Jedoch glaubte der Philosoph an die Fähigkeit des Menschen, Einstellungen und Gewohnheiten ändern zu können: „Wir dürfen nicht ausschließen, dass aufgrund einer eindringlichen Erziehung sich gewisse Einstellungen der Pflicht und der Scham und der Ehre, des Wohlverhaltens herausbilden. Dass es sich einfach nicht mehr schickt, so

weiter zu leben, wie die Menschen im 20. Jahrhundert drauflos gelebt haben." Eine Generationenaufgabe also, über die Erziehung des Nachwuchses einen Weg aus der Verschwendungssucht zu finden.
Die Erziehung der Kinder zur Achtung vor dem Wunderwerk Natur sollte höchste Priorität haben. „Wer nicht erlebt hat, dass Tiere und Pflanzen nicht nur Fleisch oder Biomasse, sondern eigenständige Lebewesen sind, kann zur natürlichen Mitwelt nur ein abstraktes Verhältnis haben und sich für sie nur gleichermaßen abstrakt engagieren. Die Sinnbildung, das andere Lebewesen nicht nur andere *als wir*, sondern auch andere *wie wir* sind, ist eine entscheidende Voraussetzung dafür, dass es mit der Umweltpolitik besser werden kann", schrieben sehr treffend Klaus Michael Meyer-Abich und Michael Müller in ihrer Analyse.

Die Natur zu achten in all ihrer Komplexität und Vielfalt, ist Voraussetzung für ihren wirksamen Schutz. Wie soll das jemand schaffen, der tagtäglich wie so viele im Dienste der Technik rastlos robotet? Ein Leben im echten Einklang mit der Natur, wie es etwa die Indianer Amerikas vor dem Siegeszug der Weißen führten, ist in unserer heutigen Zivilisation kaum noch realisierbar. Aber wir dürfen lernen von der Klugheit der Indianer, ihrer Herzlichkeit, ihren kulturellen Werten. Über die Bedeutung der Natur etwa schrieb der vor hundert Jahren lebende Luther Standing Bear, ein Autor vom Sioux-Stamm der Dakota:

„Die alten Dakota waren weise. Sie wussten, dass das Herz eines Menschen, der sich der Natur entfremdet, hart wird; sie wussten, dass mangelnde Ehrfurcht vor allem Lebendigen und allem, was da wächst, bald auch die Ehrfurcht vor dem Menschen absterben lässt. Deshalb war der Einfluss der Natur, die den jungen Menschen feinfühlig machte, ein wichtiger Bestandteil ihrer Erziehung."

Zeit

Zeit ist nicht Geld, Zeit ist Leben. In unserer Kindheit haben wir sie im Überfluss. So viel, dass wir wünschen, sie würde schneller vergehen. Später im Leben ändert sich das. Dann verkaufen wir zu viel unserer Zeit an eine Firma, die uns dafür Arbeit gibt. Unsere freie Zeit verplanen wir ebenfalls oft Wochen im Voraus, sodass Stress und Unzufriedenheit unsere ständigen Begleiter werden.

Denn es stecken geheime Wünsche in uns, die auf Erfüllung warten: Die Seele baumeln lassen, einem Tagtraum nachhängen, sich Entspannung oder Verwöhnrituale gönnen, mal etwas Verrücktes tun, Freundschaften pflegen, spontan sein können, die Reise zu einem Lieblingsziel endlich starten – all dies (und vieles mehr!) will umgesetzt werden. Und es geht uns eindeutig besser, wenn wir dafür genügend Zeit aufbringen.

Das galoppierende Anspruchsdenken des Wohlstandsmenschen, seine verbissene Jagd nach dem Geld, haben seine freie Zeit radikal verknappt. Die Zeit werde in Zukunft „das wichtigste aller Luxusgüter" sein, schrieb der Schriftsteller Hans-Magnus Enzensberger 1996. Die Berufstätigen seien zunehmend „an Regelungen gebunden, die ihre Zeitsouveränität auf ein Minimum beschränken". In den Jahren seit Niederschrift dieser Worte hat sich in der Berufswelt indes einiges verändert. Die Arbeitszeiten sind flexibler geworden, viele Betriebe bieten heute halbe Stellen, dreiviertel Stellen oder die Möglichkeit des *Job-Sharing* an. Gleichwohl ist dies in vielen Betrieben und Branchen aus verschiedenen Gründen (noch) nicht möglich. Vor allem in den leitenden Positionen wird viel zu lange gearbeitet – hier sind 14-Stunden-Tage keine Seltenheit.

Zeitwohlstand, also mehr frei verfügbare Zeit im Alltag – das genau ist das Ziel der *Downshifter*. So nennen Soziologen eine Bewegung, die sich seit einigen Jahren in bestimmten Bevölkerungskreisen ausbreitet. *Downshifting* bedeutet Herunterschalten, das Verkürzen der persönlichen Erwerbsarbeitszeit, um mehr Lebenserfüllung zu finden. Dieser Trend scheint rasch um sich zu greifen: Tatsächlich möchte fast jeder zweite aller Erwerbstätigen gerne seine Arbeitszeit verkürzen – selbst wenn er dann weniger verdienen würde. Fünf Stunden sollten es wöchentlich weniger sein, wurde im Durchschnitt gewünscht. Dies erbrachte eine europaweite repräsentative Untersuchung.

Diese Ergebnisse werfen, am Rande bemerkt, eine andere Frage auf: Können die arbeitswütigen Deutschen so viel mehr freie Zeit überhaupt verkraften? Das werde für viele „kein spontan positives Erlebnis, sondern ein Lernprozess der Wertschätzung", urteilt der Soziologe Michael Kopatz. Das „konsumlose Freizeiterlebnis" müsse erst erlernt werden.

Auf lange Sicht wird das *Downshifting* nach Expertenansicht nicht nur den Arbeitsmarkt entlasten, sondern auch die körperliche und seelische Belastung der Erwerbstätigen vermindern. Es könnte uns also gelingen, die gewonnene Zeit als Bereicherung unseres Lebens zu empfinden. Wer sich mehr Zeit verschafft, macht sich ein großartiges Geschenk, denn er erhöht seine Lebensqualität.

Soziales Handeln

Individualisierung ist eine der augenfälligsten Begleiterscheinungen des Wohlstands. Der Einzelne hat und praktiziert mehr Freiheiten denn je. Dies erfordert gleichzeitig ein erhöhtes Maß an Verantwortungsbereitschaft, weil sonst die Gemeinwesen nicht mehr funktionieren können. Tatsächlich kumulieren in diesem Bereich die Probleme: Die familiären Bindungskräfte verflüchtigen sich, gemeinnützige Einrichtungen oder Kulturvereine bleiben ohne Nachwuchs, die Identifikation mit kollektiven Wesenheiten wie Staat, Politik oder Kultur schwindet. Die Individualisierung hat das soziale, verantwortliche Denken und Handeln erodiert.

In der Suche nach einem bescheideneren Lebensstil liegt auch eine Chance, die verdrängte Gesellschaftlichkeit wieder zu entdecken. Während der Wettlauf des Besitzstrebens Neid und Vereinzelung fördert, kann die materielle Abrüstung neue Formen des Miteinanders ermöglichen. Die Menschen der Zukunft werden sich wieder mehr Dinge teilen müssen, denn das Zeitalter der Verschwendung läuft aus.

Das Prinzip des Teilens ist in den vergangenen Jahrzehnten zwar aus der Mode gekommen. Es hatte sich zuvor freilich über Jahrtausende bewährt. Ohne es funktionierte kein Gemeinwesen: keine Sippe, keine Familie, kein Staat. Teil einer lebendigen Gemeinschaft zu sein, bedeutete, soziales Verhalten als Selbstverständlichkeit zu erlernen und zu praktizieren, sich zuvörderst als Gruppenglied zu verstehen. Der Einzelne profitierte vom Schutz der Gemeinschaft, was ihn wiederum vor ausgeprägtem Egoismus und Hochmut bewahrte.

Soziales Verhalten impliziert auch das Streben nach Ausgleich, nach Gerechtigkeit. Die am lautesten schreiende Ungerechtigkeit bezieht sich auf die Zukunft, und ihre Opfer sind unsere Nachfahren. Die unersättliche Wirtschafts- und Konsumweise der Industrieländer betreibt massiven Raubbau an den Überlebensmöglichkeiten der kommenden Generationen. Unverzichtbar ist sie, aber gegenwärtig ebenso bloße Fantasie: die Generationengerechtigkeit.

Diese zu wollen, bedeute „die zwingende Notwendigkeit nicht von Korrekturen, sondern eines grundlegenden Richtungswechsels, heraus aus der Sackgasse", schrieb der Sozialpsychologe Harald Welzer. Und weiter: „Ein Ziel wie Generationengerechtigkeit stellt kurzfristige Wachstumskalküle genauso in Frage wie die Vorstellung, Glück leite sich aus pausenloser Mobilität und 24-stündiger Beleuchtung des gesamten Planeten her. Und Arbeitsplätze ließen sich gegen Überlebensmöglichkeiten verrechnen. Und Sinn erschöpfe sich in Konsumanreizen."

Welzer spricht von „Zukunftskolonialismus". Der werde sich schon deshalb rächen, „weil Generationenungerech-

tigkeit einer der stärksten Auslöser für radikale gesellschaftliche Veränderungen ist. Und die müssen nicht positiv ausfallen, wie das Generationenprojekt Nationalsozialismus gezeigt hat."
Das Handeln im Heute ist nur dann sozial, wenn es Verantwortung für die Zukunft umfasst, also den elementaren Erfordernissen von morgen auch gerecht wird. Dieses Ziel hat die Überflusskultur völlig verdrängt. Den Spruch: „Nach uns die Sintflut" hört man in allen Kreisen, und nur selten ist er ironisch gemeint. Eine große Brache hat sich in unserem Verantwortungsbewusstsein gebildet. Wenn wir diese Fläche nicht wieder kultivieren, soziale Weitsicht und zukunftsgerechtes Handeln fördern, werden wir eine Radikalisierung ernten.

Autarkie

Die Vorteile des Landlebens offenbarten sich mir früh. Bis zu meinem achten Lebensjahr wohnten wir in einem kleinen Dorf, fernab einer größeren Stadt, im Hause meiner Großeltern. Diese betrieben im Nebenerwerb, wie viele andere im Dorf, noch eine kleine Landwirtschaft, hauptsächlich zur Selbstversorgung. Fast alle Familien bestellten noch einen Nutzgarten und hielten sich Kleinvieh, sodass die Versorgung mit Vitaminen und Eiweiß gesichert war. Die zeitaufwändigen Arbeiten in Wiese und Wald, also die Heu- und Holzernte, wurden mit der üblichen Nachbarschaftshilfe bewältigt. Über gewisse handwerkliche Fertigkeiten verfügte jeder. Manche trauten sich gar, ihr neues Haus selbst zu bauen. Man war genügsam und weitgehend unabhängig. Das Wort Autarkie kannte ich damals noch nicht.

In meiner Jugend lernte ich die Menschen der Stadt kennen. Viele Büromenschen und Spezialisten gab es hier, wo „Bauer" als Schimpfwort benutzt wurde. Aber auch das böse Wort „Fachidiot" muss in diesem Zusammenhang entstanden sein. Jedenfalls kamen mir die Stadtmenschen oft hilflos vor. Für jedes und alles brauchten sie einen Dienstleister, irgendeinen Fachmann eben. Das Leben war kompliziert geworden.

Freilich war meine Jugendzeit die Ära, in der die Ansprüche wie auch die Einkommen schnell stiegen. Die Lebensweisen und -inhalte änderten sich rasch, auch in den Dörfern. Dort lockte das Versprechen des bequemeren Lebens die Menschen in die nächstgelegenen Fabriken. Ihre Gärten wurden zu Rasenflächen, die Tiere abgeschafft. Man konnte sich ja jetzt alles kaufen. Nur brauchte man dazu ein Auto, denn die ganze Palette der bunten Warenwelt entfaltete sich nur in der Stadt. Dort, in den Supermärkten, kauften die Dörfler bald auch ihre Lebensmittel, denn diese waren billiger als die im Dorfladen.

Es brauchte kaum eine Generation, bis die meisten Kaufleute und Handwerker in den Dörfern aufgaben. Die autarken Strukturen lösten sich auf – und viele Dörfer tun das mittlerweile auch. Besonders die Ortschaften in strukturschwachen Gegenden verlieren rasant ihre Einwohnerschaft und erinnern immer mehr an Altenheime.

Ein Vakuum tut sich in den Dörfern auf; gleichzeitig hat das moderne Leben viele Abhängigkeiten geschaffen. Diese Gemengelage macht es zunehmend attraktiv und realistisch, auf dem Lande neue autarke Lebensweisen auszuprobieren.

Ich empfand es als große Bereicherung und auch als Abenteuer, ohne handwerkliche Vorkenntnisse ein abbruchreifes Haus mit eigenen Händen wieder bewohnbar zu machen. Wasser- und Stromleitungen installieren, einen Kachelofen bauen, Fachwerkbalken austauschen, Mauern und Verputzen – nach dem Prinzip *Learning by doing* lässt sich das meiste bewältigen. Man braucht ein klares Ziel und einen festen Willen. Der Mangel an Fachkenntnissen lässt sich beheben, wenn man andernorts einem Experten bei der Arbeit über die Schulter schaut, sich durch Fragen und Lesen sachkundig macht.

Ein komplett autarkes Dasein ist in unserer arbeitsteiligen und hoch spezialisierten Gesellschaft kaum möglich. Aber jede Annäherung an ein unabhängiges Leben stärkt Selbstbewusstsein und Mut, dämpft die Angst, macht die Menschen krisenfester. Diese Qualitäten werden dazu führen, dass die Eigenarbeit in Zukunft weiter an Bedeutung gewinnt.

Wer genügsam lebt, wird manche Dinge und Dienste, die er braucht, selbst herstellen beziehungsweise erledigen. Außer der Ersparnis von viel Geld ermögliche die Eigenarbeit „viele positive Erfahrungen", schreibt Michael Kopatz, nämlich „tüfteln, lernen, Probleme lösen, Fortschritte machen, unmittelbare Ergebnisverantwortung, kreativ sein und die Auseinandersetzung mit Materialien und Techniken". So entstehe ein „Gefühl von Unabhängigkeit und Sicherheit".

Anstand und Maß

Sie sind der ethische Kitt einer Gesellschaft. Über die gemeinsame Sprache und Kultur hinaus sorgt auch ein Sittenkodex für das Funktionieren jeder Gemeinschaft, jedes Volkes. Der Kodex findet seine Ausformung in den allgemeinen Gesetzen, Regeln und ethischen Normen. Diese verpflichten den Einzelnen zu verantwortlichem Handeln, was sich etwa in Fairness, Toleranz, Selbstbeschränkung oder Friedfertigkeit ausdrückt. Von einem entsprechenden Verhalten profitiert letztlich die Gemeinschaft wie auch der Einzelne.

Schon der große deutsche Philosoph Immanuel Kant hatte dieses Prinzip erkannt und 1788 in seinem „Kategorischen Imperativ" gefordert: „Handle so, dass die Maxime deines Willens jederzeit zugleich als Prinzip einer allgemeinen Gesetzgebung gelten könnte." Der Volksmund dichtete salopp: „Was du nicht willst, das man dir tu', das füg' auch keinem andern zu."

Im Zeitalter von Individualisierung und Raubtierkapitalismus sind diese einfachen Wahrheiten verdrängt worden. „Was vielen abhanden gekommen ist, das ist die Haltung: So etwas tut man nicht", konstatierte der frühere Bundespräsident Köhler. Schrankenlose Freiheit berge Zerstörung: „Das ist der Haken an der Freiheit: Sie kann in diejenigen, die durch sie satt und stark geworden sind, den Keim der Selbstüberhebung legen. Und die Vorstellung, Freiheit sei auch ohne Verantwortung zu haben."

Das Gemeinwohl kann ohne eine gewisse Mäßigung des Einzelnen nicht gedeihen. Es erfordert von den Mitgliedern einer Gemeinschaft Bodenhaftung und Sensibilität für die Wirkung und Folgen des eigenen Tuns. Wer etwas verbockt, hat die besondere Chance, Anstand zu beweisen: Durch die Bereitschaft, Reue zu zeigen und für den Schaden persönlich zu haften, kann der Mensch Verantwortung übernehmen und so die Gemeinschaft letztlich stärken. Das mag nach Tugendrezepten von vorgestern klingen. Tatsächlich hat unsere konsumfixierte „Multi-Optionsgesellschaft" (Peter Gross) solche einfachen Regeln beiseite geschoben. Das Maßhalten ist hinderlich für eine Wirtschaft, die den Kunden eine verwirrende Vielzahl von Wahlmöglichkeiten vorsetzt. Es sei nur logisch, meinen Konsumexperten, dass bei den Menschen die Nachfrage nach Orientierung und Ratgebern deutlich zugenommen habe. „Auf jeden Fall aber erweist sich in einer Gesellschaft überbordender Möglichkeiten die Fähigkeit, Nein sagen zu können, als Herzstück gelingender Lebensführung", heißt es in der Studie „Zukunftsfähiges Deutschland".

Dem Finden des rechten Maßes haben schon die altgriechischen Philosophen lange Abhandlungen gewidmet. Insbesondere Aristoteles bemühte sich in seinen Texten zur Ethik, die *Mitte* und das maßvolle Verhalten – nach seinen Worten die *Mäßigkeit* – zu bestimmen. Das Vermeiden jedes Übermaßes bringt demnach Tugend und Glück hervor.

„Jeder Kundige meidet denn das Übermaß und den Mangel und sucht und wählt die Mitte", schrieb Aristoteles in

„Nikomachische Ethik", einem seiner Hauptwerke. Denn Mangel und Übermaß führten dazu, dass „Dinge zugrunde gehen". Gewinnsucht war für den weisen Denker „schimpflich", Geiz „unheilbar". Gleichwohl sei es schwierig, gestand er zu, sittsam und tugendhaft zu leben: „So kann nicht jedweder den Mittelpunkt eines Kreises finden, sondern nur der Wissende."

Aristoteles hatte erkannt: „Wenn die Begierden und Genüsse stark genug sind, so schalten sie selbst die Überlegung aus." Der Philosoph plädierte deshalb dafür, die Tugend des Maßhaltens einerseits durch entsprechende Erziehung und Lehre der Jugend zu festigen: „Denn was einem zur Gewohnheit geworden ist, macht einem hernach keine Beschwerde mehr." Andererseits hätten „Wort und Lehre nicht bei allen hinlängliche Kraft", deshalb bedürfe es der Gesetze: „Das Gesetz hat zwingende Kraft und ist zugleich eine Rede, die von einer Einsicht und Vernunft ausgeht."

Gelassenheit

Zwei Jahre lang lebte meine Tochter in der Schweiz. Bei meinen wiederholten Besuchen dort hatte ich natürlich auch Gelegenheit, einige Vertreter dieses erstaunlichen Volkes kennenzulernen. Ein Volk, eigenständig und -willig, das mich ein wenig an das berühmte gallische Dorf der Römerzeit erinnert. Inmitten eines verschmelzenden Europas wahren die Schweizer stoisch ihre Identität, ja, Kultur. Und ihre Eigenheiten sind es wert, geschützt zu werden: Gemächlich, freundlich und selbstbewusst wirken sie auf den Fremden. Sie strahlen – im Allgemeinen – Gelassenheit aus.

Ist es nicht genau diese Eigenschaft, die der moderne, von der Globalisierung getriebene, vom medialen Überdruss verwirrte Gegenwartsmensch begehrt? Streben wir vom forcierten Leistungsdruck der Arbeitswelt und den eigenen materiellen Ansprüchen Gestressten nicht nach dieser inneren Ruhe, Entspanntheit? Den Wunsch danach verspüren immer mehr Menschen. Genau aus diesem Grund sind seit etlichen Jahren die diversen esoterischen Heilslehren, Spiritualität, Yoga- und Meditationsübungen sowie buddhistische Weisheiten so populär geworden. Die deutsche Sprache wurde mit dem Begriff „Entschleunigung" beglückt, der als Ziel doch nichts anderes ersehnt als Gelassenheit.

Dieser kostbare seelisch-geistige Zustand ist ähnlich flüchtig wie das Glück, mit dem er verwandt ist. Gelassenheit ist nicht käuflich, es gibt keine klare technische Anleitung zu ihrer Erlangung. Sie stellt sich als tiefe seelische Ausgeglichenheit automatisch ein, wenn wir ihr umfassend den Boden bereitet haben: Unsere Ängste, Traumata und Aggressionen wollen zuvor bewältigt, unser zwanghaftes Denken, unsere Wertungen, unser verbissenes Streben gelockert werden. Gelassenheit als „der reinste Ausdruck seelischer Gesundheit, die höchste Stufe des Menschseins und der Weisheit", wie der Psychologe Peter Lauster formulierte, sie „geschieht durch Loslassen".

Weil dies auch in Bezug auf materielle Güter gilt, ist dem Bescheidenen eine gelassene Haltung so sympathisch, ja, wesensverwandt. In seinem entspannenden Buch „Wege zur Gelassenheit" beschreibt Lauster das Dilemma der „Habenmentalität": „Das neue Auto führt mich nicht zu meinem Innersten, so schön auch das kurze Glück der ersten gefahrenen hundert Kilometer sein mag; das neue Haus führt mich nicht zum Kern meiner Seele, so sehr ich mich auch über den Anblick freuen mag. Es ist letztlich gleichgültig, ob ich zur Miete wohne oder in einer Eigentumswohnung, ich bin letztlich doch nur Gast auf dieser Welt. Besitz ist ein kurzer Seelentröster, er verschafft das trügerische Gefühl, als würde einem jetzt etwas für immer gehören, als wäre man mächtig, als hätte man eine Sicherheit erreicht. Aber es gibt keine Sicherheit, nichts kann festgehalten werden, alles ist dem Fluss des lebendigen Lebens unterworfen, alles altert, der Putz blättert ab, das Eisen rostet, im Garten wuchert das ‚Unkraut', die Farbe der Fensterläden verwittert, nichts bleibt wie es ist, wer sich ans Haben bindet, lebt in ständiger Angst und Unfreiheit. Freiheit aber ist Loslösung von Besitz."

Regionalität

Als die Globalisierung vor rund 20 Jahren ausgerufen wurde, war sie tatsächlich schon längst im Gange. Zumindest ihre Mechanismen hatten die Volkswirtschaften und ihre Strukturen bereits verändert. Mit dem Argument der Effizienzsteigerung wurde allerorten zentralisiert, fusioniert und rationalisiert. Bei der Produktion, im Handel und im Bereich der Bildung wurden größere Einheiten geschaffen. Das Auseinanderdriften von Wohnen, Arbeit, Einkaufen, Bildung und Freizeit hat ein unmäßiges Verkehrsaufkommen geschaffen. Auf allen Lebensfeldern muss deshalb heute ein unvernünftig hoher Transportaufwand betrieben werden.

Ein gesamtgesellschaftliches Gegensteuern wäre aus mehreren Gründen wünschenswert: Es könnte die örtlichen kulturellen, sozialen und ökonomischen Netze stärken, es wäre ein deutlicher Beitrag zum Klima- und Umweltschutz, und es würde einen genügsameren Lebensstil erleichtern. In einer treibstoffarmen und ressourcenknappen Zukunft könnte die Regionalisierung zu einem zwingenden Gebot der Vernunft werden.

Das Ziel heißt Nahverflechtung. Es bedeutet, dass die wirtschaftlichen Stärken jeder einzelnen Region besser als bisher und mit neuen Methoden gefördert werden sollten. Und es bedeutet, dass der Verbraucher die Vorteile und Qualitäten der regionalen Produkte schätzen lernt und sich beim Einkaufen entsprechend verhält. So werden Arbeitsplätze und Lebensqualität vor Ort erhalten. Nur so kann die Landflucht gestoppt werden.
Das regionale Wirtschaften schafft Versorgungssicherheit in Zeiten steigender Rohstoffnachfrage. Und es wirke „gemeinschaftsbildend", merkt der Autor Rainer Lucas an. Nach dem Siegeszug der Globalisierung sei nun „eine Renaissance der Regionen angesagt". Das Interesse an regionaler Identität steige, und damit auch der Wille, dem Wohnort „wieder Lebensräume abzutrotzen", ergänzt der Soziologe Wolfgang Sachs.
Weiter schreibt er: „Die regionalen Räume werden wieder geschätzt als Gewächshäuser sozialer und kultureller Vielfalt, und ein Schuss Heimatbewusstsein bewährt sich als Gegenmittel gegen die Ortlosigkeit weltweiter Märkte."

Die Nahverflechtung werde die „Erosion der lokalen Sozialgewebe" aufhalten. Sachs erwartet, dass also „neue Sozialnetze wie flexible Nachbarschaftsbeziehungen, Bürgerbüros, Gemeinschaftswerkstätten, Tauschringe, Einkaufskooperativen und Mikrounternehmen aller Schattierungen" entstehen.

Warenqualität

Bescheidenheit verabscheut die Wegwerfmentalität. Sie braucht deshalb qualitativ gute Produkte.

Geld, eigentlich nur ein Tauschmittel, ist durch seine überlegenen Eigenschaften selbst zur begehrtesten Ware geworden. Wenn der Käufer an der Ladenkasse möglichst viel Geld zurückhalten, also sparen kann, gilt der Einkauf als gelungen. Viel Ware für wenig Geld – diesem einfachen Beuteschema verdanken die Discounter ihren großen Erfolg. Die Einführung des Euro verunsicherte viele Menschen und verstärkte damit die Tendenz zum billigen Einkaufen. „Geiz ist geil", textete ein pfiffiger Werber und traf damit perfekt die Massenmeinung.

Wo der Preis das hauptsächliche Kaufkriterium ist, muss die Qualität leiden. Was nichts kostet, taugt nichts – diese alte Weisheit wurde und wird an den Kassen der Billigmärkte kollektiv missachtet. Ob ein Gebrauchsgut stabil und haltbar ist oder ob ein Lebensmittel auch schmeckt und werthaltig ist, scheint zu einer lästigen Frage geworden zu sein.

Sicherlich sind die Angebote zuweilen mehr als verlockend, ja, kaum nachvollziehbar. Da werden etwa den Heim- und Handwerkern in Baumärkten Maschinen offeriert, die nur noch ein Zehntel dessen kosten, was Qualitätshersteller für solche Geräte verlangen. Für 15 Euro oder weniger gibt es aus fernöstlicher Produktion Kreissägen, Winkelschleifer und Bohrmaschinen zu kaufen. Dass diese Geräte erwiesenermaßen oft nach wenigen Monaten schon ihren Dienst versagen, kann den Schnäppchenjäger kaum beeindrucken: Er hat ein Garantierecht und bekommt im Baumarkt eine neue Maschine gratis. Schicksalsergeben nimmt er unnötige Lauferei hin, ebenso den Ärger, wenn das noch fast neue Gerät inmitten der Arbeit aufgibt.

Nachhaltigkeit und Ressourcenschutz bleiben hier auf der Strecke. Wie viel Energie, Wasser und Rohstoffe vergeudet diese Ramschproduktion? Ebenso gravierend ist eine andere Konsequenz, wenn die Konsumenten in Scharen und immer wieder zu den Billigstprodukten greifen: Die sinnvolle Herstellung von langlebiger Qualitätsware, traditionell eine Domäne der deutschen Industrie, wird durch den Kaufboykott geschwächt. Die heimischen Hersteller verlieren durch die Kurzsichtigkeit des eigenen Publikums Marktanteile und Arbeitsplätze.

Es rächt sich also auf mehrfache Weise, wenn der Dumpingpreis das entscheidende Kaufkriterium ist. Qualität hat richtigerweise ihren Preis. Es rechnet sich letztlich in ökologischer wie in ökonomischer Hinsicht, langlebige, reparable Gebrauchsgüter zu bevorzugen.

„Ahnt der deutsche Verbraucher, das der Billigwahn ihn am Ende teuer zu stehen kommen könnte?" Diese Frage stellte im Herbst 2009 der „Spiegel", nachdem die Empörung über Analogkäse und Schinkenimitate hohe Wellen geschlagen hatte. Der Blick hinter die Kulissen der Lebensmittel-Herstellung offenbart: Viele Fertigprodukte haben mit natürlicher Nahrung nicht mehr viel zu tun, der Konsument wird systematisch hinters Licht geführt. „Die Lebensmittelindustrie hat aus Aromen, Imitaten und viel Werbung eine Geschmacksillusion geschaffen", schrieb das Nachrichtenmagazin.

Solcherlei Umtriebe verhindern, dass der moderne Mensch auf der Suche nach mehr Unabhängigkeit und Ursprünglichkeit allzu große Sprünge macht. Die Schwemme der billigen Fertigprodukte sorgt dafür, dass viele Menschen das Kochen verlernen. 170.000 Tonnen Aromastoffe werden in den Länder der Europäischen Union jährlich ins Essen gerührt und betäuben die Geschmacksnerven der Konsumenten. Besonders bei Kindern hat dies fatale Folgen – viele ekeln sich schließlich vor dem Geschmack natürlicher Lebensmittel. Ihr Geschmacksempfinden ist verödet, auf Zucker und kräftige Kunstaromen getrimmt. Sie sind die zukünftig sicheren Kunden der Instantprodukte. „Jugendliche brauchen heute 20-mal intensivere Reize als noch vor zehn Jahren, um überhaupt Geschmack wahrzunehmen", beklagt der Ernährungsexperte Hans-Ulrich Grimm.

Diese Entwicklung sollte alle alarmieren, die sich um Kochkultur und Volksgesundheit Gedanken machen. Und ihre Brisanz könnte uns animieren, ihr etwas entgegenzusetzen. Gewiss, die Strategen der Ernährungsindustrie lassen sich nicht von einzelnen Bedenkenträgern beeindrucken. Aber es würde ihnen am Ende sehr imponieren, wenn wir ihre Produkte im großen Stil ignorieren. Wenn wir darüber nachdenken, wie gute Lebensmittel entstehen. Wenn wir sie selbst erzeugen, im eigenen oder gepachteten Garten.

Der Garten – Erlebnis und Traum

Einen Obst- und Gemüsegarten bestellen – das mutet heutzutage seltsam anachronistisch an, völlig aus der Zeit gefallen. Die allermeisten Menschen haben heute den direkten Bezug zur Erzeugung ihrer Nahrung verloren. Der archaische Akt, Samen in den Boden zu legen, ist ihnen fremd geworden. Sie verpassen das Erlebnis, die Sämlinge wachsen zu sehen, ihnen Dünger und Wasser zu geben und dafür am Ende etwas Großartiges, Wichtiges zu bekommen.

Das hat leider auch zur Folge, dass ihnen die Wertschätzung für Lebensmittel verloren geht. Im Supermarkt gibt es das Essen jederzeit zum Billigstpreis – es treibt dem Selbstversorger die Zornesröte ins Gesicht. Ihm schwant, dass dies nicht mit gesunden und nachhaltigen Dingen zugehen kann. Tatsächlich sind solche Dumpingpreise ja nur möglich, weil es bei uns ein Überangebot an Agrarprodukten gibt, die Landwirte staatlich subventioniert werden und sie nur mit klima- und umweltschädigenden Erzeugungsmethoden eine solche Massenproduktion erzielen können.

Der Endverbraucher weiß in der Regel nicht, wie sein Billigfutter erzeugt wird. Er will es vermutlich auch gar nicht wissen, denn es würde ihm eine persönliche Krise bescheren. Die in regelmäßiger Folge publik werdenden Lebensmittelskandale geben einen Einblick in die Widerwärtigkeiten der heutigen Nahrungserzeugung, und sie sind gewiss nur die Spitze des Eisbergs.

Den Mitteln des Lebens mehr Wertschätzung und Aufmerksamkeit zu zollen, wo ließe sich das besser begreifen als im eigenen Garten? Er ist aber nicht nur Produktionsstätte, sondern auch Experimentierwerkstatt, Wundertüte und Refugium. Er schenkt uns Freude und Enttäuschung, Momente des Staunens, der Meditation, der Hingabe. Er betört unsere Sinne mit Gerüchen, Farben, Vogelgesang. Er ist unsere *Muckibude* und ein Stück Kultur in ihrem ureigensten Sinn. Er ist eine Schule des Lebens. Der Garten: ein überbordendes Füllhorn.

Er gebietet Respekt, Bescheidenheit. In nur einer Handvoll guter Gartenerde tummeln sich mehr Lebewesen, als es Menschen auf der Erde gibt. Ein solcher Schatz bedarf verantwortlicher Pflege. Ihn mit Spritzgiften zu traktieren, gehört nicht dazu. Solcherlei Frevel zerschmettert das unendlich filigrane Lebensgeflecht des Bodens und letztlich seine natürliche Fruchtbarkeit. Dann muss, so geschieht es auf den Äckern, Kunstdünger den Verlust wett machen.

Das Herz eines biologisch bestellten Gartens ist der Kompostplatz. Sorgsam aus verschiedenem organischen Material zusammengestellter Kompost ergibt nach einigen Monaten Rotte einen feinen Humus. Dieser wird auf die Gartenbeete verteilt und dient den Kulturpflanzen sozusagen als Kraftfutter. Für mich ist es in jedem Frühjahr ein betörendes Erlebnis, den reifen Humus zu ernten, also von seiner Rottestätte in eine Schubkarre zu schaufeln. Ehrfürchtig bestaune ich das feinkrümelige Material, welches die Regenwürmer, Käfer, Asseln, Tausendfüßler und ihre Milliarden Helfer aus der Mikrobenwelt da kreiert haben. Wenn Sie Gelegenheit haben, riechen Sie mal an einem guten Humus. Sie werden mir zustimmen: Nichts ist mehr Inbegriff von Fruchtbarkeit und Reife als dieser Duft!

Der Garten wandelt sich, nicht nur von einer Jahreszeit zur anderen, sondern von Tag zu Tag, zumindest im Frühling und Sommer. Ihn zu betrachten, ist wie ein nicht endender Film. Das stete Wachsen und Weichen, Erblühen, Reifen und Vergehen ist wie ein Abbild des großen Ganzen. Der Gärtner ist zwar Sämann, Denker und Lenker in seinem Revier, doch oft auch nur ohnmächtiger Wicht. Lange Trockenheit, Frost und Hagelschlag können alles vernichten, ein Massenansturm von Schnecken oder Wühlmäusen ebenso. Im biologischen Garten ist ein gewisser Schwund geradezu Pflicht. Hier lernt man, dass die Macht des Menschen begrenzt ist. Mal beglückt einen reicher Blütenflor und satte Ernte, mal lernt man abzugeben, zu verzichten.

Seit fast 30 Jahren säe, pflege und ernte ich, und jedes Jahr ist das Gelingen anders. Wohl wird man routinierter, vermeidet grobe Fehler bei der Fruchtfolge, Sortenwahl, Aussaatterminen, Düngung, lernt Regeln zu akzeptieren. Doch immer noch ist mir das Gärtnern ein Quell neuer Empfindungen und Erfahrungen, neuen Glücks und erneuerter Demut. Ein Pfad, der ein Stück weit zu den Geheimnissen des Lebens führt.

Mit naturgemäß selbst produziertem Obst und Gemüse gehen Sie achtsamer und bewusster um als mit konventioneller Supermarktware, beim Lagern, Zubereiten, Verzehren. Und das mit gutem Grund. Den Erzeugerstolz mal beiseite geschoben, ist Ihre Ware nicht nur ideell, sondern auch materiell wertvoller. Sie beinhaltet mehr Nährstoffe und Vitamine als kunstgedüngte Agrarprodukte, deren Wassergehalt zumeist höher ist. Von den Pestizidrückständen mal ganz abgesehen. Und dass der Geschmack Ihrer biologisch selbst gezogenen Möhren und Bohnen, Tomaten und Erdbeeren voller und kräftiger ist, daran gibt es keine Zweifel.

Schon 1986 wurde dieser Qualitätsunterschied amtlich ermittelt. Ein mehrmonatiges Testprogramm, das der damalige Stuttgarter Regierungspräsident Manfred Bullinger in der Ludwigsburger Landwirtschaftsschule durchführte, brachte ganz eindeutige Ergebnisse: Beim Vergleich von biologisch und konventionell produziertem Gemüse siegten durchweg die Bio-Produkte.

Teil des Programms war ein Testessen von Kartoffeln, bei dem die geladenen Landwirte, Gemüsehändler, Köche, Gastwirte und Ernährungsbeamten die ihnen servierten Erdäpfel bewerten sollten. Sie wussten dabei nicht, nach welcher Anbaumethode die ihnen vorgesetzte Kost erzeugt worden war. Das Magazin „Der Spiegel" berichtete damals: „Nach elf Durchgängen mussten die Testesser Geschmacksnoten von eins bis neun für ‚geringe' bis ‚sehr starke Geschmacksmängel' notieren. Die konventionell angebauten Kartoffeln erreichten negative Höchstwerte (acht und neun), die Noten für Bio-Kartoffeln lagen durchweg bei oder besser als fünf."

Auf einem Drittel unserer Anbaufläche ziehen wir Kartoffeln. Seit vielen Jahren bevorzugen wir die alte Sorte „Laura", sie hat eine rote Schale, gelbes Fleisch und ist relativ widerstandsfähig gegen die gefürchtete Kartoffelfäule. Das Tollste aber ist ihr Geschmack: Sie verschmähen jede Beilage, wenn Sie sie, mit Schale gekocht und serviert, auf Ihrem Teller mit ein wenig Butter und Salz krönen. „Könnte es am Ende befriedigender sein, auf Unnötiges zu verzichten und dafür bewusst zu genießen, was mir echten Mehrwert bringt?", fragte, passend dazu, kürzlich der Journalist Peter Kropf in einer Fachzeitschrift.

10. Juni 2010, 21.50 Uhr: Habe gerade meine Mußestunde im Garten beendet. Bevor die Dämmerung einbricht, liebe ich es, noch einmal um die Beete zu schleichen. Mal sind hier ein paar Handgriffe zu tun, mal wollen neue Blüten, neue Früchte bewundert werden. Habe heuer erstmals an den Zuckererbsen genascht, die man mit Schoten verzehren kann. Die Erdbeeren laden mich zum Nachtisch ein. Noch sie genießend gerate ich in Sorge beim Anblick der daneben gesäten Bohnen. Sie schieben sich nur kümmerlich aus dem Boden, denn hinter uns liegen etliche nasskalte Tage. Ich werde wohl Kerne nachlegen müssen. Die Kartoffeln stehen gut, ihr Kraut ist schon hoch geschossen, kurz vor der Blüte. Ich zupfe etwas Vogelmiere aus ihren Furchen. Dem Kohlbeet gegenüber genügt ein zufriedener Blick. Vor einer Woche habe ich es mit Rasenschnitt gemulcht, was mir nun das Hacken und Gießen erspart. Von der kürzlich gesäten Reihe Schnittsalat entdecke ich die ersten grünen Punkte in der feuchten Krume. Die schon zuvor gestreuten Samen des Gemüsefenchel, den wir zunehmend schätzen,

keimen noch nicht. Auch sie warten auf mehr Wärme; oder war das Saatgut schon zu alt?
In der südlichsten Ecke des Gärtleins gedeihen die Karotten, es kränkeln die Zwiebeln. Obwohl wir diese beiden Gemüsearten – wie allseits empfohlen – in Mischkultur anbauen (sie sollen sich gegenseitig durch ihre Dünste die Schadinsekten vom Leibe halten), ist seit Jahren die Zwiebelfliege unser häufiger Gast. Hier gilt es, weiter zu forschen und andere biologische Abwehrmittel zu finden. Ein paar Nacktschnecken picke ich noch von den Rabatten, dann erblicke ich die ersten aufblühenden Ringelblumen. Ihr Feuer wird bald flächig den kühlblauen Vergissmeinnichtflor verdrängen. Die Rosen warten noch ab. Der Dachwurz schiebt seine obszönen Blütenkolben empor.

Über einen Teppich von Gänseblümchen schlendere ich hinüber zur Obstwiese. Gemessen am deutschen Durchschnitt ist unser Klima rau, und so ist ein üppiger Behang der Bäume nicht die Regel. Äpfel, unser Hauptobst, machen sich in diesem Jahr in fast allen Sorten rar. Ich erkenne dieser Tage, dass uns die Birnbäume dafür entschädigen werden, sie tragen ungewohnt viele Früchte. Zufrieden kehre ich ins Haus zurück. In der Natur ist meistens ein Ausgleich da.

Wunderlich ergreift uns dies kleine, harmlose Gartenwesen mit Anklängen und Gedanken anderer Art. Es ist ja etwas von Schöpferlust und Schöpferübermut beim Gartenbau; man kann ein Stückchen Erde nach seinem Kopf und Willen gestalten, man kann sich für den Sommer Lieblingsfrüchte, Lieblingsfarben, Lieblingsdüfte schaffen. Man kann ein kleines Beet, ein paar Quadratmeter nack-

ten Bodens zu einem Gewoge von Farben, zu einem Augentrost und Paradiesgärtlein machen. Allein es hat doch seine engen Grenzen. Schließlich muss man mit allen Gelüsten und aller Phantasie doch wollen, was die Natur will, und muss sie machen und sorgen lassen. Und die Natur ist unerbittlich. Sie lässt sich etwas abschmeicheln, lässt sich scheinbar einmal überlisten, aber nachher fordert sie desto strenger ihr Recht.

Hermann Hesse, 1908

Grünes Wachstum – Das überforderte Wirtschaftskind

Ein zartes Pflänzchen ist der große Hoffnungsträger der Wachstumsoptimisten. Die Umwelttechnologien, in Deutschland weit entwickelt und erfolgreich, sollen künftig die Wertschöpfung befeuern. Die Hoffnung ruht auf den erneuerbaren Energien aus Sonne, Wasser, Wind und Biomasse sowie auf neuen industriellen Techniken, mit deren Hilfe Energie und Ressourcen eingespart, Emissionen reduziert werden können.
Die Entwicklung und Vermarktung der Öko-Technologien ist zweifellos eine Erfolgsgeschichte der deutschen Wirtschaft. Der Anteil der erneuerbaren Energien an der Stromerzeugung ist in Deutschland von knapp fünf Prozent im Jahre 1995 auf rund 16 Prozent (2010) angestiegen. Kein Land der Erde gewinnt mehr Strom aus Wind als die Bundesrepublik. Jedes vierte weltweit installierte Windrad stammt aus deutscher Produktion. Auch bei Photovoltaik- und Solarwärme-Anlagen haben die deutschen Hersteller einen Anteil von über 20 Prozent am Weltmarkt, bei Biogasanlagen decken sie sogar 90 Prozent ab.

Saubere Technologien bilden unbestritten den Zukunftsmarkt schlechthin. Der globale Umsatz der Umweltindustrien werde sich in den nächsten zehn Jahren auf über drei Billionen Euro verdoppeln, sagt die Beratungsfirma Roland Berger voraus. Die deutsche Wirtschaft profitiere davon wie kaum eine andere. Der US-Wirtschaftsexperte Adam Posen meint, Deutschland habe „durch Innovationen und die Kraft des Beispiels" die Rolle des Zugpferds bei der globalen Energiewende.

Niemand wird ernstlich bestreiten, dass dieses grüne Wachstum positiv zu werten ist und weiter gefördert werden sollte. Jedoch mahnen Ökonomen, das volkswirtschaftliche Potential der neuen Technologien angesichts ihrer immensen Kosten nicht zu überschätzen. Ökologen verweisen darauf, dass auch erneuerbare Energien und Materialien nicht grenzenlos und ohne Nebenwirkungen erzeugt werden können.

„Nachhaltiges Wachstum" ist ein Begriff, der von Politikern und Managern gerne gebraucht wird, wenn sie über die Zukunft reden. Die rot-grüne Bundesregierung erhob 2002 in einem Strategiepapier eine „kontinuierliche umwelt- und sozialverträgliche Steigerung des Bruttoinlandsprodukts" zu ihrem Ziel. Der innere Widerspruch darin ist: Die schöne Formel gaukelt vor, dass die Wirtschaft wachsen könne, ohne die Natur stärker zu belasten. Ist das eine überhaupt ohne das andere zu haben?

Bis zu einem gewissen Grad ist es den hochentwickelten Industriestaaten tatsächlich gelungen, den Umweltverbrauch vom Wirtschaftswachstum abzukoppeln. Vom Statistikdienst Eurostat veröffentlichte Daten belegen dies: Zwischen 1971 und 2000 hat sich die Wirtschaftsleistung in den 15 EU-Kernstaaten mehr als verdoppelt, während der Ressourcenverbrauch in diesem Zeitraum um kaum 15 Prozent angestiegen ist. Die Ökonomen nennen dies *Entkoppelung* und erwarten von ihr eine Fortsetzung des Wachstums.

Die relative Entkoppelung in den 30 Jahren vor der Jahrtausendwende war schlüssig: In dieser Epoche machten die reichen Volkswirtschaften einen weitgehenden Strukturwandel durch – alte Industrien mit hohem Material- und Energiebedarf verschwanden, der Ressourcen schonende Dienstleistungssektor wuchs kräftig, in allen Bereichen der Industrie konnte durch den Einsatz neuer Technologien und Methoden effizienter produziert werden.

Es wird in Zukunft möglich sein, die benötigten Güter und Dienstleistungen mit noch weniger Einsatz von Rohstoffen, Energie und Fläche zu erzeugen. „Das Prinzip der Ökoeffizienz muss der Maßstab unseres Wirtschaftens werden", fordert Jill Jäger vom Europäischen Forschungsinstitut für Nachhaltigkeit (SERI) in Wien. Sie verweist auf Erkenntnisse, wonach in der Industrie 20 Prozent der Materialkosten eingespart werden könnten, wenn sich die Unternehmen von Experten technisch beraten ließen. So könnten Betriebsausgaben gesenkt und die Wettbewerbsfähigkeit erhöht werden. Gleichzeitig sinke der Rohstoffbedarf, und es werde die Natur durch die Senkung der Abfallmengen entlastet.

Die Entkoppelung ist freilich nicht beliebig zu steigern, weil sie auch an natürliche Grenzen stößt. Jede Produktion braucht irgendwelche Rohstoffe und Energie; aus Nichts kann nichts entstehen. Auch in den Zukunftsbranchen Dienstleistung und Wissenschaft werden Rohstoffe und Energie für Gebäude, Kommunikation und Mobilität benötigt. Überdies: Wie aussagekräftig sind die Erfolgsdaten der Entkoppelung, wenn sie auch darauf beruhen, dass unsere schmutzigen, rohstoffintensiven Industrien nach Osteuropa und Asien verlagert wurden und dort nach wie vor zu unserem Nutzen produzieren? Schließlich sind es die steigenden Ansprüche der Menschen, die die Erfolge der Entkoppelung teilweise wieder zunichte machen. Darauf weisen Experten wie Fred Luks vom Österreichischen Institut für Nachhaltige Entwicklung hin: „Automotoren sind heute weitaus effizienter als vor zwanzig Jahren; aber die Nachfrage nach mehr, schnelleren, stärkeren, schwereren Autos hat diese Effizienz bei weitem überholt. Effizienzgewinne bei der Wohnraumheizung werden durch größere Wohnflächen pro Kopf neutralisiert. Auch gibt es Ausweitungen des Verbrauchs, die aufgrund neuer Produkte entstehen, die vorher nicht da waren und also auch nicht nachgefragt wurden."

Den Öko-Technologien kann es durchaus gelingen, dem Wachstum nochmals einen Schub zu geben. Jedoch, so prognostiziert Luks, werde die Größenordnung der ökologischen Herausforderung ein längerfristiges Wirtschaftswachstum unwahrscheinlich machen. Bis zum Jahre 2050 müsse nach Überzeugung der Klimaforscher der Verbrauch von fossilen Energieträgern und Materialien um 80 bis 90 Prozent reduziert werden. Nur dann könne die angestrebte Verminderung des CO_2-Ausstoßes um 60 Prozent erreicht werden. Ein solch gravierender Umbau der Industriegesellschaft erfordere astronomische Ausgaben und „schwindelerregende Dauerleistungen in ökologischer Produktivität", so Fred Luks.

Der ökologische Umbau schafft zwar einerseits Mehrwert, also Wachstum; andererseits brechen aber ganze

Bereiche der traditionellen Industrie weg. Im Saldo sei der „Nettoeffekt eher negativ", meint Joachim Weimann, Umweltökonom aus Magdeburg. Der Ausbau der Öko-Technologien verursache hohe Kosten, insbesondere bei energieintensiven Industrien. So werde die Produktion verteuert und der Wettbewerb erschwert. Diese Effekte, so Weimann, würden zuweilen unterschlagen.
In Wahrheit fußt der Erfolg der erneuerbaren Energien in Deutschland weniger auf Einsicht oder echter Rentabilität, sondern auf massiver Subventionierung. Diese politisch gewollte Praxis sollte man keineswegs prinzipiell infrage stellen. Denn die enorme Herausforderung durch den Klimawandel macht den kräftigen staatlichen Anschub der neuen Technologien notwendig. Trotzdem gilt es, die effektiven Kosten mit dem Nutzen zu vergleichen und Fehlsteuerungen zu korrigieren.

Besonders bei der Photovoltaik, also der solaren Stromerzeugung, bringt die Kosten-Nutzen-Analyse ein niederschmetterndes Ergebnis: Für die zwischen 2000 und 2010 auf deutschen Dächern installierten Module und den daraus über die Förderzeit von 20 Jahren gewonnenen Strom muss die Allgemeinheit 60 bis 80 Milliarden Euro aufbringen, hat das Rheinisch-Westfälische Institut für Wirtschaftsforschung (RWI) errechnet. Dieser Betrag wird der Gesamtbevölkerung – also jedem einzelnen Bürger über die Stromrechnung – aus der Tasche gezogen. Dabei erzeugte die Photovoltaik 2010 nur rund ein Prozent des gesamten Strombedarfs in Deutschland.

Die immensen Kosten und Widersprüche des ökologischen Umbaus verdeutlichen: Über technische Innovation allein können die Krisen von Umwelt und Kapitalismus nicht behoben werden. Es werde „keinen Spaziergang in die schöne, heile Welt des nachhaltigen Wirtschaftswachstums" geben, prophezeit die Studie „Zukunftsfähiges Deutschland" des Wuppertal Instituts. Naturverträglichkeit und Dematerialisierung seien nur erreichbar, „wenn das Prinzip der Selbstbegrenzung an ihre Seite tritt". Die Frage: „Wieviel ist genug?", werde sich nicht umgehen lassen.

Eine Gesellschaft, die zukunftsfähig werden will, muss sich mit der Möglichkeit auseinandersetzen, dass schon sie selbst und ebenso die kommenden Generationen mit weniger und schließlich ohne Wirtschaftswachstum auskommen müssen. Das wird durch die Einsicht erleichtert, dass Wachstum bei genauer Betrachtung ohnehin nicht die Erwartungen erfüllt, die so viele mit ihm verbinden. Die Hoffnung, dass es zur allgemeinen Wohlfahrt beiträgt, ist jedenfalls trügerisch. Überlebensfähig ist nur eine Wirtschaftsform, die den Gemeingütern Umwelt und Lebensqualität Sitz und Stimme im Wirtschaftsgeschehen gibt.

Fred Luks

Wirtschaft ohne Wachstum

Will man der Einsicht, dass ein unendliches Wachstum der Wirtschaft in einer endlichen Welt nicht möglich ist, und der Abwehr der ökologischen und sozialen Schäden, die mit dem Wachstum verbunden sind, den Vorrang geben, muss man sukzessive die Grundlagen der modernen Wirtschaft, wie sie sich historisch entwickelt haben, so verändern, dass der Wachstumszwang abgebaut wird. Es könnte sich aufdrängen, Wege zu suchen, wie in geordneter Weise der Spirallauf der Wirtschaft wieder allmählich in einen Kreislauf zurückgeführt werden kann. Es würde dann notwendig sein, Vorstellungen über die Gestaltung einer Wirtschaft zu entwickeln, die in sich nachhaltig ist, das heißt, den ökonomischen, ökologischen und sozialen Ansprüchen optimal Genüge leistet.

Hans Christoph Binswanger 2006

Die Lebensweise der Menschen vor allem in den reichen Ländern der Erde wird sich erheblich verändern. Die Endlichkeit der immer schneller schwindenden Ressourcen und der Kollaps der Ökosysteme sind unwiderlegbare Indikatoren für den Zwang zum Wandel. Auch wenn sich die Politiker und Ökonomen noch damit schwertun – sie können den Umbruch in eine Zeit des veränderten Wirtschaftens und Konsumierens nicht aufhalten.

„Post-Wachstums-Ökonomie" nennt der Volkswirt Niko Paech das Wirtschaftsmodell der Zukunft, und er beschreibt es so: „Wir werden anfangen, unser Leben zu entrümpeln und zu entschleunigen. Wir werden auf Fernreisen verzichten und wieder mehr Produkte aus der Region kaufen, weil die nicht so hohe Transportkosten verursachen. Wir werden Produkte länger nutzen, sie reparieren und pflegen und sie lieber gebraucht kaufen als neu. Wir werden Knöpfe selber annähen und Fahrräder eigenhändig reparieren. Vielleicht wird das sogar Spaß machen. Diese Form der Bescheidenheit kann man auch als Befreiung empfinden."

Ein stimmiges Konzept für eine Wirtschaft ohne Wachstum gibt es noch nicht. Aber sie wird auch ohne Konzept kommen, schleichend, weil die globalen Rahmenbedingungen es erzwingen. Es gibt jedoch Ideen und Vorschläge von Experten dazu, wie eine Post-Wachstums-Ökonomie strukturiert sein könnte. Es sind theoretische Versuche, die Rolle des Geldes neu zu definieren, die Befugnisse der Banken zu beschränken und die Unternehmen vom Wachstumsdruck zu befreien.

Jetzt, da die Banken vom Staat gestützt oder sogar übernommen worden sind, bestünde die große Chance, die Geldwelt in ihrem Wesen zu verändern. Wenn die Politik dies wollte. Jetzt könnten den Banken klare Pflichten und soziale Verantwortung auferlegt sowie Schranken im Handeln gesetzt werden. Zum Beispiel könnte man eine globale Finanzmarktsteuer einführen oder man könnte das Recht der Banken auf Geldschöpfung beschneiden, also die Schaffung von Mehrwert durch die Einnahme von Zinsen.

Der renommierte Schweizer Ökonom Hans Christoph Binswanger plädiert gar dafür, dass nur noch die staatlichen Zentralbanken Geld schöpfen dürfen, um so die Menge des Geldes zu begrenzen. Denn je mehr Kredite die Geschäftsbanken ausgeben, desto größer wird das insgesamt existierende Geldvolumen. Binswanger hat in seinen Analysen nachgewiesen, dass die Geldschöpfung „der Motor des Wachstums" ist, also die Wirtschaft durch die Aufblähung der Geldmenge zum Wachstum getrieben wird.

Die Zivilisation der Zukunft sollte, wenn sie schon nicht zum Tauschhandel zurückkehren kann, dem Geld seinen Zauber nehmen. Geld, schreibt Binswanger, erlange seine Macht dadurch, dass es „sich selbst von den natürlichen Begrenzungen, insbesondere der Begrenzung der Lebensdauer der Produkte, löst: es verrottet nicht und verrostet nicht. Sein Besitz ist Reichtum oder Ausweis von Reichtum, den man unbegrenzt anhäufen kann, der die Grenze der Sättigung durchbricht und die Wirtschaft in Richtung Expansion orientiert".

Der Ökonom aus St. Gallen, der als geistiger Vater der Ökosteuer gilt, nimmt damit Bezug auf die Theorien des deutsch-argentinischen Kaufmanns und Sozialreformers Silvio Gesell (1862 – 1930). „Ein Geld, welches nicht verliert wie jede Ware, ist kein Vertreter der Ware, sondern ein mit den Prärogativen eines Gottes ausgerüsteter Gegenstand." – Aus dieser 1891 publizierten Erkenntnis heraus forderte Gesell, auch Geld müsse „altern", also mit der Zeit automatisch an Wert verlieren. Dies stelle sicher, dass eingenommenes Geld schnell wieder ausgegeben würde und Spekulation nicht entstehe. Auch könne man für ein solches Schwundgeld, das ständig an Wert verliert, beim Verleihen kaum Zinsen verlangen.

Auch wenn diese Ideen utopisch klingen mögen: Tatsächlich wird heute in zahlreichen Regionen Deutschlands eine solche Schwundwährung in der Praxis erprobt. 28 Regionalwährungen gab es 2009 neben dem Euro in Deutschland, 30 weitere sind in Planung. Schon seit 2003 existiert beispielsweise in den bayerischen Landkreisen Rosenheim und Traunstein die Parallelwährung „Chiemgauer", die ein Rosenheimer Lehrer gemeinsam mit seiner Klasse einführte. Mit beachtlichem Erfolg, wie der Publizist Wolfgang Uchatius im Magazin „Die Zeit" beschreibt:

„Ein Chiemgauer ist einen Euro wert. Nur bei Leuten und Unternehmen, die ihn als Zahlungsmittel akzeptieren. Das allerdings werden immer mehr. Vor allem seit dem Ausbruch der Finanzkrise steigt die Zahl derer, die im Chiemgau mit Chiemgauern bezahlen. Inzwischen sind es rund 2000 Menschen und 600 Unternehmen. Alle zusammen setzten sie 2008 vier Millionen Chiemgauer um. Doppelt so viel wie im Jahr zuvor. Die Chiemgauer-Scheine sehen ein bisschen aus wie Monopoly-Geld. Nur dass genau die gegenteilige Absicht dahinter steckt. Beim Monopoly geht es darum, möglichst viel Geld anzuhäufen. Den Chiemgauer soll man ausgeben. Wer die Scheine behält, muss alle drei Monate eine Verlängerungsmarke kaufen."

Das Streben nach permanentem Wachstum lässt auch die Schulden der meisten Unternehmen wachsen. Denn je mehr sie produzieren, desto höher sind die absoluten Herstellungskosten (Rohstoffe, Arbeit, Maschinen), die in der Regel von den Banken vorgeschossen werden müssen. Höhere Kredite bedeuten höhere Zinszahlungen. Dies zwingt die Firmen zu immer weiterem Wachstum, denn sie wollen nach der Rückzahlung von Kredit und Zins ja auch noch einen Gewinn ausweisen.

Die Geldverschuldung sollte in der nachhaltigen Wirtschaft der Zukunft langfristig abgebaut werden oder nur sehr begrenzt möglich sein. Bestehende Firmen sollten dazu verpflichtet werden, sukzessive deutlich höhere Rücklagen zu bilden und diese zur Deckung von Produktionskosten und Investitionen zu nutzen. Die Unternehmen wären dann nicht mehr so sehr von den Banken abhängig, weil sie weniger Kredite bräuchten. Entsprechend weniger Geld müssten sie für die Zinszahlungen verschenken, sodass sich der Wachstumsdruck insgesamt erheblich vermindern ließe.

Dieses Ziel könnte man auch mit einer anderen Strategie anstreben, nämlich einer Änderung des Unternehmensrechts. Binswanger schlägt vor, Aktiengesellschaften in Genossenschaften oder Stiftungen zu verwandeln. Diese müssten zwar auch vernünftig wirtschaften, stünden aber nicht annähernd unter dem Expansionsdruck von börsennotierten Firmen.

Während der Staat und die großen produzierenden Unternehmen noch nach den Regeln der Post-Wachstums-Ökonomie suchen, ist der Handel schon einen Schritt weiter. Er stellt sich hier und da schon darauf ein, dass Konsumenten zögerlicher kaufen, neue Präferenzen beim Einkauf hegen. Was tun, um unter den verschärften Bedingungen zu bestehen? Das fragten sich schon im September 2008 namhafte Experten auf der 58. Internationalen Handelstagung des Gottlieb-Duttweiler-Instituts (GDI) in Rüschlikon bei Zürich.

Die Zeit der „unersättlichen Konsumenten", der „schier unerschöpflichen Produktionsmittel" und der stetigen Absatzsteigerungen sei vorbei, war dort zu vernehmen. „The Age of Less", so taufte der Direktor des britischen Marktforschers IGD, Steve Barnes, die neue Epoche. *Das Zeitalter des Weniger* werde geprägt von protektionistischen Tendenzen im internationalen Handel, vom fortschreitenden Bevölkerungswachstum auf neun Milliarden Menschen im Jahre 2050, vom effektiven Rückgang der Landwirtschaftsfläche und dem Klimawandel. All dies werde „Knappheiten" zeitigen, so Barnes.

Der Handel kämpft gegen die Unbilden mit Zweckoptimismus, aber auch mit konkreten Maßnahmen: Hohe Produktqualität, Einfachheit (kleine Auswahl), bessere Nahversorgung in den Städten und Dörfern, Bevorzugung regionaler Produkte, die Umnutzung bestehender Bausubstanz (statt Neubau) – das sind die Stellschrauben für den erfolgreichen Handel der Zukunft. „Die Konsumenten bevorzugen zunehmend maßvolle und authentische Produkte mit einem überzeugenden Wertestandpunkt", sagte die Konsumexpertin Simonetta Carbonaro auf der GDI-Tagung. Und weiter: „Auf die hedonistische Tretmühle der ‚Zuvielisation' folgt als neuer Lebensstil nüchterne Glücklichkeit."

Was aber ändert das *Age of Less* im Arbeitsalltag der Menschen? Die in Zukunft noch vorhandenen bezahlten Ar-

beitsstellen, so viel ist unstrittig, müssen auf mehr Schultern verteilt werden. Wenn wir zu einem bescheideneren Lebensstil bereit sind, dürfte der Einkommensverlust für die meisten Menschen kein existenzielles Problem darstellen. Eine 25-Stunden-Arbeitswoche als Regel, wäre das nicht eine erstrebenswerte Option? Die Arbeitslosigkeit würde drastisch sinken. Vor allem die junge Generation, die trotz bester Ausbildung heute vielfach keinen rechten Einstieg mehr ins Berufsleben schafft, würde davon erheblich profitieren. Für die 20- bis 30-Jährigen, die sich die Zukunft nur noch als Krise vorstellen können, wäre eine entsprechende Neuorganisation der Arbeitszeiten ein entscheidendes Projekt Hoffnung.
Parallel zur Arbeitszeit sollte auch der Stellenwert der Lohnarbeit korrigiert werden. Diese Änderung im Bewusstsein wird sich aber mit der Zeit von selbst einstellen. Die Franzosen arbeiten, um zu leben, während die Deutschen leben, um zu arbeiten – so werden wir im Vergleich zu unseren westlichen Nachbarn oft spöttisch charakterisiert. Dies mag holzschnittartig vereinfacht sein, aber der Kern ist wahr. In unserem Land, konstatiert Wolfgang Uchatius, „gilt der Besitz eines Arbeitsplatzes als Maßstab für ein erfolgreiches Leben. Wobei es wichtig ist, dass es eine richtige, eine bezahlte Arbeit ist. Nicht Fußballtrainer einer Kindermannschaft. Oder Pfleger eines erkrankten Angehörigen. Oder gar Hausmann. Sondern zum Beispiel Fließbandarbeiter bei Opel". Also: Wir dürfen ruhig mal versuchen, uns anders als über unsere Arbeit zu definieren.

Und auch was Arbeit ist, wird man in Zukunft anders definieren müssen. Haushaltsführung oder Kindererziehung oder Pflege eines Angehörigen sind eminent bedeutende Tätigkeiten. Entsprechend sollten sie künftig auch ideell und finanziell honoriert werden. Dies ist ein großes Ziel, und es wird nur über eine größere innergesellschaftliche Solidarität zu erreichen sein. Mit anderen Worten: Ein finanzieller Grundstock für die Entlohnung solcher Arbeiten könnte etwa durch eine höhere Steuer auf Vermögen und hohe Einkommen gebildet werden.

Die Zeiten sind vorbei, in denen man sich von mehr Wirtschaftswachstum ein besseres Leben erwarten konnte – jedenfalls in den wohlhabenden Ländern. Zwar war man noch nie gut beraten, eine hohe Produktionsmenge mit einer zivilisierten Gesellschaft zu verwechseln, doch ist unterdessen der Wachstumsimperativ zu einer öffentlichen Gefahr geworden. Dabei ist der Punkt nicht nur, dass Wachstum weitgehend zum Selbstzweck verkommen ist und meist nur Lösungen für Bedürfnisse vermarktet, die vorher niemand verspürt hatte. Sondern es mehren sich die Anzeichen, dass Wachstum mehr Nachteile als Vorteile produziert, also in der Gesamtheit die Grenzkosten des Wachstums schneller zunehmen als sein Grenznutzen. Ist es damit aber nicht zur selbstzerstörerischen Veranstaltung geworden? Die Destabilisierung des Klimas sowie die soziale Aufspaltung vieler Gesellschaften sind dafür die herausragenden Beispiele. Deshalb steht der Wachstumszwang im Widerspruch zur Nachhaltigkeit. Erst wenn Wachstum zu einer Option unter anderen zurückgestuft wird, kann man einen Kapitalismus mit sozialem und ökologischem Mehrwert erwarten.

Aus der Studie
„Zukunftsfähiges Deutschland"
des Wuppertal Instituts

Der Aufklärer – Bildung und öffentlicher Diskurs

Einen stimmigen Plan für eine Wirtschaft ohne Wachstumszwang gibt es also noch nicht, wie wir im letzten Kapitel sehen konnten. „Das Feld wird überhaupt nicht beackert", erkannte Klaus Wiegandt Anfang 2009. Er hat deshalb zwei Forschungsaufträge an Ökonomie-Professoren vergeben. Die Studien sollen unter anderem die Frage klären, welche Auswirkungen ein ökologisch bewusster Konsum- und Lebensstil der Menschen auf die Volkswirtschaft hätte.

Klaus Wiegandt, der Initiator, hat einen bemerkenswerten Wandel vollzogen – vom Manager zum Mahner. Bis 1998 war er Vorstandsvorsitzender des größten deutschen Handelskonzerns, der Metro AG. Er war ein Antreiber von Globalisierung und Wachstum, denn in seine Zeit fiel die internationale Expansion des Unternehmens. Heute mahnt der 70-Jährige die Menschen zur Umkehr – er gründete die Stiftung „Forum für Verantwortung", hat eine erfolgreiche Buchreihe über Nachhaltigkeit herausgegeben und vermittelt das Thema in Seminaren und Vorträgen.

„Ja, ich war einer der Öko-Sünder und -Verbrecher, die das gefördert haben", sagte Wiegandt 2009 in einem Interview zu den üblichen Praktiken des globalen Handels. Dass die Waren des täglichen Bedarfs über Kontinente verschoben werden, beurteilt er heute als „Schwachsinn hoch drei". Wiegandt entrüstet sich: „Spätere Generationen werden sich fragen: Was waren das für Menschen?"

Über Jahrzehnte hat der heutige Öko-Aktivist dieses Treiben in vorderster Reihe mitgestaltet. 1976 wurde er Generalbevollmächtigter der Rewe-Leibbrand-Gruppe, 1991 Chef des Kaufhauskonzerns Asko. Dieser fusionierte Mitte der 90er-Jahre mit Metro, zu deren Vorstandssprecher Wiegandt dann aufstieg. Sein Konzern war bekannt für ein rigides Einkaufsgebaren: Die Preise wurden so weit gedrückt, dass viele Lieferanten schließlich fusionieren oder aufgeben mussten. Diese – freilich auch von anderen Handelskonzernen praktizierte – Strategie zerstörte die regionale Vielfalt: Massenweise verschwanden damals kleine und mittlere Betriebe des produzierenden Gewerbes, allen voran Molkereien und Brauereien. „Wiegandt gab in der Branche den Takt vor: Wer überleben wollte, musste wachsen", schrieb „Der Spiegel".

Im Rückblick, so sagt der einstige Top-Manager, bereite ihm sein damaliges Handeln Gewissensbisse. Seine Firma habe in anderen Ländern zur Zerstörung von Kultur beigetragen: „Wenn wir mit unseren Riesenmärkten in Länder gegangen sind wie China oder die Türkei, da verändert man ja die gesamte Gesellschaft – und ich glaube nicht, dass das immer zum Vorteil der Menschen war, die dort leben. Wenn etwa in der Türkei die Basare verschwänden, wäre dies ein großer kultureller Verlust."

Erst gegen Ende seiner Zeit als Metro-Chef verspürte Wiegandt ein „ungutes Gefühl". Er hatte zwar schon Jahre zuvor den Club-of-Rome-Bericht über „Die Grenzen des Wachstums" gelesen. Aber in seinem Job habe er wenig Zeit zum Nachdenken und kaum Möglichkeiten zum Umsteuern gehabt: „Einen Konzern auf ökologischen

Kurs zu bringen, ohne dass sich die Rahmenbedingungen ändern, das geht nicht. Man würde seine Wettbewerbsvorteile aufs Spiel setzen."

Als Privatier unterliegt Klaus Wiegandt den blinden Zwängen des Wettbewerbs nicht mehr. Er möchte jetzt „etwas von dem zurückzahlen, was mir die Gesellschaft gegeben hatte", bekennt er. 13 Bücher von namhaften Wissenschaftlern hat seine Stiftung bereits herausgegeben. Darin werden die aktuellen Krisenthemen der Menschheit in allgemeinverständlicher Sprache beschrieben: das Weltfinanzsystem, der Klimawandel, Wege in die Nachhaltigkeit. Die Stiftung subventioniert die Veröffentlichungen, sodass die Bücher für weniger als zehn Euro im Handel zu haben sind. Rund 150.000 Exemplare der Werke konnten bis Anfang 2010 verkauft werden, auch englische Übersetzungen sind erschienen.

Wiegandt will mit seiner Stiftung „einen breiten öffentlichen Diskurs der Zivilgesellschaft fördern". Auch er ist überzeugt, dass eine effektive Veränderung der Verhältnisse von unten wachsen muss, durch Einsicht und Verhaltensänderungen im persönlichen Bereich. Die Politik könne in Demokratien keine Rahmenbedingungen verändern, so lange die Mehrheit der Menschen es nicht wolle. „Jahrzehntelang haben sich Wissenschaft und Umweltschützer darauf konzentriert, auf die Politik einzuwirken. Trotzdem sind wir heute weiter denn je von einem nachhaltigen Wirtschaftssystem entfernt", erläutert der Ex-Manager im Interview.

Sein Ansatz ist: „Die Menschen mitnehmen", ihnen die Zusammenhänge in einfachen Worten aufzeigen. Wenn die Bevölkerung durch intensive Bildungsmaßnahmen aufgeklärt sei, werde sie Druck machen: „Dann werden sich auch die Politiker in diesem Sinne engagieren", glaubt Wiegandt. Er hat sich zum Ziel gesetzt, mit seinen vielfältigen Aktivitäten 20 Prozent der Bevölkerung („die Multiplikatoren") zu erreichen, das strahle dann genügend auf die politische Willensbildung aus. Es seien schließlich nur „ganz kleine Führungsschichten, die eine Gesellschaft leiten und uns in die falsche Richtung steuern".

Vom Wuppertal Institut hat sich Wiegandts Stiftung Lehrmaterialien erarbeiten lassen. Damit veranstaltet sie seit 2008 Seminare in der Europäischen Akademie Otzenhausen (Saarland). Die Teilnehmer lernen dort in Arbeitsgruppen beispielsweise, was sie im eigenen Alltag für mehr Nachhaltigkeit tun können, mit welchen Methoden sich bestimmte Lebensbereiche konkret ändern lassen. Die Stiftung erhofft sich auch von anderen Bildungseinrichtungen mehr Engagement zum Thema Nachhaltigkeit. Wiegandt: „Wir stellen dafür gern unsere Konzepte und Materialien zur Verfügung."

Das Thema gehöre in die Kindergärten und Schulen, fordert der sendungsbewusste Aufklärer. Einen Hochschulabschluss, so meint er, dürfe es eigentlich nicht geben, „ohne dass man ein Studium generale in Nachhaltigkeit absolviert hat". Denn man dürfe doch „keine Führungselite auf die Menschheit loslassen, die keine Ahnung hat von den großen Problemen, die auf uns zukommen".

Wiegandt formuliert gelegentlich drastisch und radikal, das Thema Ökologie ist ihm eine Herzensangelegenheit. Notwendig sei „eine Revolution unseres Lebens- und Konsumstils". Dafür genüge es nicht, weniger zu fliegen oder ein sparsames Auto zu fahren. Alle Effizienzverbesserungen mit dem Ziel von weiterem Wachstum reichten nicht aus. „Es muss der Gedanke der Mäßigung dazukommen." Er sei heute überzeugt, bekennt der umtriebige Südhesse, dass Wirtschaftswachstum und Nachhaltigkeit nicht in Einklang zu bringen seien.

Eine demokratische Gesellschaft, die sich ernsthaft in Richtung Zukunftsfähigkeit umorientieren will, ist auf kritische, kreative, diskussions- und handlungsfähige Individuen als gesellschaftliche Akteure angewiesen. Daher ist lebenslanges Lernen, vom Kindesalter bis ins hohe Alter, eine unerlässliche Voraussetzung für die Realisierung einer nachhaltigen gesellschaftlichen Entwicklung. Es ist notwendig, die wissenschaftlichen Hintergründe und Zusammenhänge zu verstehen. Nur so entsteht Urteilsfähigkeit, und Urteilsfähigkeit ist die Voraussetzung für verantwortungsvolles Handeln.

Wir können so weitermachen wie bisher, doch dann begeben wir uns schon Mitte dieses Jahrhunderts in die biophysikalische Zwangsjacke der Natur mit möglicherweise katastrophalen politischen Verwicklungen. Wir haben aber auch die Chance, eine gerechtere und lebenswerte Zukunft für uns und die zukünftigen Generationen zu gestalten. Dies erfordert das Engagement aller Menschen auf unserem Planeten.

Klaus Wiegandt

Das bessere Leben

*Ich half der Sonne
nicht wirklich beim Aufgehen,
aber zweifellos
war es von größter Wichtigkeit,
dass ich dabei war.*

Henry D. Thoreau

Das bessere Leben ist ein einfaches, von Äußerlichkeiten entrümpeltes Dasein. Die Grundbedürfnisse des Menschen haben sich trotz allen Aufwands der Moderne nicht wirklich geändert: Essen und Trinken, warme Kleidung, ein Obdach. Kann ich mich beschränken, muss ich nur noch halb so viel Arbeitszeit verkaufen wie andere. Oder noch weniger. Jede Stunde, die wir uns aus abhängiger, fremdbestimmter Arbeit befreien können, ist eine Bereicherung. Egal ob wir die gewonnene Zeit verfaulenzen, sie zum Häufeln der Kartoffeln im Garten oder für notwendige Reparatur- oder Bauarbeiten am Haus nutzen – wir können in jedem Fall eher unseren persönlichen Neigungen nachgehen. Wir können uns auf wesentliche Dinge konzentrieren. Sind freier. Unabhängiger. Das wäre doch ein lohnendes Ziel, oder?

Würden wir weniger emsig nach Geld und Besitz streben, hätten wir ein reicheres Leben. Wir könnten öfter von selbst aufwachen, als von einem Gerät geweckt zu werden. Wir hätten Zeit und Muße, authentische Eindrücke zu sammeln – von anderen Menschen, Landschaften, Blumen und Bäumen, vom Formationsflug der Kraniche, vom Spiel der Wolken und der Himmelskörper. Die schönen Künste des Theaters, der Dichtung und der Musik könnten uns tiefer rühren. Das Streben nach Weisheit wäre ein lohnender Zeitvertreib: „Nach ihrer Richtschnur ein einfaches, unabhängiges, großmütiges und vertrauenswürdiges Leben führen", stellte sich der amerikanische Philosoph Henry David Thoreau als Ideal vor.

Die wahre Schönheit liegt in den einfachen, natürlichen Gebilden. Alle künstliche Pracht will Effekt heischen und trägt die Anmaßung in ihrem Wesen. Das Spektakuläre ist von den Menschen lange genug hofiert worden. Es verbreitet zu viel Illusion und Täuschung. Unser Leben würde besser, wenn wir stattdessen unsere Aufmerksamkeit für die kleinen Dinge und Freuden schärfen könnten. Dies würde uns auch helfen, den Genuss wiederzufinden. Hat doch der Überfluss an Genussangeboten unsere Genussfähigkeit betäubt.

Das bessere Leben wird geprägt von mehr Selbstbestimmung, mehr Bewusstheit und körperlicher Aktivität, der Beschränkung auf das Wesentliche, mehr Rücksichtnahme. Es strebt nach Wahrhaftigkeit, Vertrauen und Liebe. Es entlarvt manche Ziele unseres routinierten Alltags als oberflächliche Trugbilder.

Als besser wird sich in Zukunft ein Leben darstellen, in dem das Kaufen und das Haben mehr in den Hintergrund treten. Nach vorne rücken stattdessen das verantwortliche Tun und das bewusste Sein. Dies ist die grobe Richtung, wobei jeder Einzelne anders definieren wird, welche Details für ihn ein gutes Leben bedeuten.

Die Lebensqualität der Menschen in den wohlhabenden Ländern ist ein komplexer Wert. Er lässt sich ab einem bestimmten Wohlstandsniveau nicht mehr automatisch mit dem Anstieg des Einkommens erhöhen. Wer über mehr als rund 10.000 US-Dollar (etwa 7.000 Euro) im Jahr verfügt, hat vielschichtige Vorstellungen von einem gelungenen Leben, die nicht mehr alle käuflich sind. Gewiss zählen dazu die traditionellen Werte wie eine gesicherte Versorgung mit Gütern und Dienstleistungen oder ein gutes Bildungsangebot. Die Sozialforscher wissen aber, dass die Menschen in den westlichen Ländern von einem guten Leben auch erwarten: soziale Kontakte, unverbrauchte Natur, menschenwürdige Arbeits- und Wohnbedingungen, Ästhetik, eine subjektive Zufriedenheit.

Das bessere Leben, wie könnte es anders sein, hat selbstverständlich seinen Preis. Der *Homo consumens* wird sich mit ihm schwertun, denn der Preis kann nicht salopp mit Banknoten beglichen werden. Er ist höher, weil er die echte Bereitschaft erfordert, zu lernen. Er verlangt, die Diskrepanz zwischen vorhandenem Wissen und dem tatsächlichen Handeln effektiv und nachhaltig zu überwinden. Es ist die große Aufgabe, die Lebensziele, den Lebenssinn und die Gewohnheiten neu zu bestimmen. Ob dies gelingen kann?

Der Mensch ist in der Regel träge, in der Ausnahme aber ein überraschendes Wesen. Theoretisch ist er zur Vernunft fähig, handelt jedoch meistens unvernünftig. Bis zu dem Punkt, wo der Veränderungsdruck übermächtig wird: Wenn das Verderben vor der eigenen Haustüre steht, sehr konkret und für den Einzelnen fühlbar, kann die Furcht sehr rasche und grundlegende Verhaltensänderungen herbeiführen. Wobei ungewiss ist, ob solche Angstreflexe bei drohenden Unglücken oder Katastrophen noch rechtzeitig eine heilsame Wirkung entfalten können.

Der einzelne Mensch ist flexibler und kann sich schneller verändern als die Gesellschaft, ihre Strukturen und Institutionen. Er hat heute als Individuum eine größere Bedeutung und bessere Einflussmöglichkeiten als in früheren, eher kollektiven Gesellschaften. Es liegt an ihm, ob er sich die Vorgaben der Konsumsouffleure weiterhin willfährig antut und bloß nach dem Staat ruft, wenn er Veränderungsbedarf sieht. Oder ob er zu eigenen Anstrengungen bereit ist, zu einer schlüssigen Einheit von Denken und Handeln, zu einem vorbildhaften und deshalb letztlich einflussreichen alternativen Lebensstil.

Wie zuvor dargestellt, ist dies ein ambitioniertes Vorhaben, eine Generationenaufgabe. Sie wird nur gelingen, wenn eine Mehrheit der Menschen aus Einsicht mitzieht, und sich auch die gesellschaftlich relevanten Gruppen und Institutionen einer materiellen Mäßigung verschreiben. Nur dann wird es dem Menschen möglich sein, auch in Zukunft noch in – relativer – Freiheit zu leben, die Errungenschaften seiner Kultur und seine Menschlichkeit zu wahren.

Der Philosoph Hans Jonas beschrieb die große Aufgabe so: „Es geht um eine Erziehung des Menschen zu Lebenseinstellungen, die weniger gierig und gefräßig sind, dafür aber vielleicht anspruchsvoller in anderer Hinsicht. Man darf nicht fragen: Wird denn das helfen? Kann sich das durchsetzen gegenüber dem Vulgären, den Massenwünschen, den Gewohnheiten? Nach dem, was wir wissen, muss der Glaube daran sehr klein und schwach sein. Aber Aufgeben ist das Letzte, was man sich erlauben darf."

Staat und Wirtschaft werden sich dem Veränderungsdruck hin zu einer Ethik der Genügsamkeit nicht auf Dauer verschließen können. Denn sie werden gebraucht, um einen neuen Gesellschaftsvertrag zu zimmern. Für das Gelingen des Umbruchs ist ein kultureller Konsens nötig, der die Bereitschaft der Einzelnen zur Konsumminderung fordert und fördert. Zum Beispiel durch eine Steuer- und Rechtspolitik, die Verschwendung stigmatisiert und sparsames Verhalten belohnt. Ein „neues gesellschaftliches Handlungs- und Verantwortungsbewusstsein" (Meyer-Abich/Müller) muss geschult, eine neue innergesellschaftliche Solidarität aufgebaut werden. Die Erkenntnis, dass wir alle in einem Boot sitzen, wird gestärkt, wenn die sozialen, wirtschaftlichen und politischen Machtgruppen kompromissbereit sind und zu Vereinbarungen gelangen.

Gelingt dies, dann müssen wir angesichts eines radikalen Wandels keine Rückkehr zum Recht des Stärkeren, keine Primitivisierung der Menschen befürchten. Das bessere Leben ist dann für alle greifbar. Es ist nicht mehr vom Einkommen abhängig. Wenn wir dies begriffen haben, hat es schon begonnen.

Quellenverzeichnis

Einleitung

Jonas, Hans, in: „Dem bösen Ende näher", Interview in *Der Spiegel* 20/1992.

Die Übersättigung

Aigner, Ilse, in einem Interview der *Saarbrücker Zeitung*, 22.12.2010.

Biedenkopf, Kurt, in: „Jahrhundert der Bescheidenheit", Interview in *Der Spiegel* 31/2009.

Der Spiegel 39/2009: „Der Kult ums BIP".

Der Spiegel 31/2009: „Die große Jagd nach Land".

DESTATIS (2007): Personenbeförderung, www.destatis.de.

Deutsche Gesellschaft für Ernährung e.V.: Der neue DGE-Ernährungskreis, 2004, www.dge.de.

Deutscher Fleischerverband: Geschäftsbericht 2006/2007, www.fleischerhandwerk.de.

Kraftfahrtbundesamt (2007): Jährlicher Bestand. Zeitreihe. www.kba.de.

Layard, Richard: „Die glückliche Gesellschaft – Kurswechsel für Politik und Wirtschaft", Frankfurt a. M., New York 2005.

Schirrmacher, Frank: „Payback", München 2009.

Schmitter, Elke: „Angst und Biedersinn", Essay in *Der Spiegel* 39/2009.

Sloterdijk, Peter: „Du musst dein Leben ändern", Frankfurt a. M. 2009.

Steinberger, Petra, in: „Die Erde wird knapp" in *Süddeutsche Zeitung* 01.04.2009.

Wuppertal Institut für Klima, Umwelt, Energie: „Zukunftsfähiges Deutschland in einer globalisierten Welt", Frankfurt a. M. 2008.

Rutsch in die Kulturkrise

Claassen, Utz: „Wir Geisterfahrer", Hamburg 2009.

Der Spiegel: „Die Schamlosen", Ausgabe 8/2009.

Köhler, Horst: Berliner Rede 2009, gehalten am 24.03.2009, www.bundespraesident.de.

Meyer-Abich, K. M./Müller, M.: „Stellt euch vor, jeder fängt mit der Umweltpolitik bei sich selbst an", in *Frankfurter Rundschau* Nr. 175/30.07.1994.

Paech, Niko, in: „Die neue Bescheidenheit", in *Die Zeit* 22/2009.

Uchatius, Wolfgang: „Wir könnten auch anders", Essay in *Die Zeit* 22/2009.

Welzer, Harald: „Blindflug durch die Welt", Essay in *Der Spiegel* 1/2009.

Das Schuldendesaster

Biedenkopf, Kurt, in: „Jahrhundert der Bescheidenheit", in *Der Spiegel* 31/2009.

Claassen, Utz: „Wir Geisterfahrer", Hamburg 2009.

Eilfort, Michael: „Schöne Bescherung", in *Blickpunkt Marktwirtschaft*, Berlin 3/2008.

Polleit, Th., in: „Bleibt unser Geld stabil?", in *Die Welt* 27.05.2009.

Ohne Alternative: Nachhaltigkeit und Suffizienz

Jäger, Jill: „Was verträgt unsere Erde noch?", Frankfurt a. M. 2007.

Ott, Hermann: „Gemeingüter wertschätzen: Umwelt – Angelpunkt der Weltinnenpolitik", in Studie „Zukunftsfähiges Deutschland", a.a.O., S. 456 ff.

Santarius, Tillmann: „Deutschland im Weltwirtschaftsraum", in Studie „Zukunftsfähiges Deutschland", a.a.O., S. 157 ff.

World Commission on Environment and Development: „Unsere gemeinsame Zukunft. Der Brundtland-Bericht der Weltkommission für Umwelt und Entwicklung", Greven 1987.

Aussteigen – Vernunft kontra Gier und Karriere

Gartner Marktforschung, siehe www.gartner.com.

Sloterdijk, Peter, in: „Eingeweide des Zeitgeistes", in *Der Spiegel* 44/2009.

Diogenes und Gottfried

Aigner, Margot: „Diogenes von Sinope", in www.wikipedia.de.

Grossarth, Jan: „Der Bauer Gottfried", in *Frankfurter Allgemeine Zeitung* Nr. 157, 10.07.2009.

Matussek, Matthias: „Es reicht!", in *Der Spiegel* 37/2009.

Die Blender – Warum wir so viel brauchen sollen

Becker, Tobias: „Das konsumistische Manifest", in *Kultur-Spiegel* 12/2009.

Kamps, Harald: „Der Kranke als Störfaktor", in *Süddeutsche Zeitung* Nr. 41, 19.02.2009, S. 18.

Tenzer, Eva: „Go Shopping! Warum wir es nicht lassen können", Köln 2009.

Anne

Donath, Anne: „Wer wandert, braucht nur, was er tragen kann", © Piper-Verlag GmbH, München 2006.

Integration von Herz und Kopf – Alternative Gemeinschaften

Auerswald, Mo, in „20 Jahre Kommune Niederkaufungen", Kaufungen 2007.

Kommune Niederkaufungen: Grundsatzpapier und andere Texte, www.kommune-niederkaufungen.de

Litfin, Karen: „Die Ganzheitlichkeit der Gemeinschaftsbewegung", in „Eurotopia-Verzeichnis", Poppau 2009.

Ökodorf Sieben Linden: Grundsatzpapier, www.siebenlinden.de.

Stengel, Martin, in „Eurotopia-Verzeichnis", a.a.O.

Universität Kassel: Studie „Umweltrelevanz in gemeinschaftlichen Lebens- und Wirtschaftsweisen", siehe www.usf.unikassel.de/glww/ziele.htm.

Entschleunigung und Selbstbegrenzung

Bunting, Madeleine: „Willing Slaves", London 2004.

Kopatz, Michael: „Achtsam leben: Das Private ist politisch", in Studie „Zukunftsfähiges Deutschland", a.a .O., S. 570 f.

Sachs, Wolfgang: „Ökologischer Wohlstand", in Studie „Zukunftsfähiges Deutschland", a.a.O., S. 216 ff.

Schwartz, Barry: „Anleitung zur Unzufriedenheit", Berlin 2006.

Die Befreiung – Was wir alles nicht brauchen

Kopatz, Michael: „Achtsam leben: Das Private ist politisch" a.a.O., S. 570.

Küstenmacher, Werner Tiki/Seiwert, Lothar J.: „Simplify your life. Einfacher und glücklicher leben", Frankfurt a. M./München 2008.

Thoreau, Henry David: „Walden", Berlin 1949, Neuauflage Köln 2009.

Umweltbundesamt: „CO_2-Minderung im Verkehr", S. 16.

Aktiv sein – berauschend, preiswert und gesund

Der Spiegel 17/2008: „Faul macht dumm", S. 146.

Deutsches Institut für Ernährungsforschung (DIFE), Potsdam: EPIC-Studie, vgl. www.dife.de und „Geheimnis der Gesundheit", in *Der Spiegel* 40/2009.

Thoreau, Henry David: „Walden", a.a.O.

Tölle, Thomas/Boecker, Henning lieferten 2008 in München per Positronen-Emissions-Tomographie den ersten experimentellen Beweis für das runner's high, vgl. *Der Spiegel* 17/2008, S. 146 ff.

Ideale – Rüstzeug der Genügsamkeit

Aristoteles: „Nikomachische Ethik", Hrsg.: Eugen Rolfes, Köln 2009.

Bielenski, Harald/Bosch, Gerhard/Wagner, Alexandra: „Wie die Europäer arbeiten wollen", Frankfurt/New York 2002.

Der Spiegel 42/2009: „Die Geschmacksillusion".

Enzensberger, Hans Magnus: in *Der Spiegel* 51/1996.

Gandhi, Mahatma: „Handeln aus dem Geist", Freiburg i.B. 1977.

Grimm, Hans-Ulrich, in „Die Geschmacksillusion", in *Der Spiegel* 42/2009.

Gross, Peter: „Die Multi-Optionsgesellschaft", Frankfurt a. M. 1994.

Jonas, Hans, in: „Dem bösen Ende näher", in *Der Spiegel* 20/1992.

Kant, Immanuel: Werkausgabe (12 Bände), Hrsg.: Wilhelm Weischedel, Frankfurt a. M. 1977.

Köhler, Horst: Berliner Rede 2009, siehe www.bundespraesident.de.

Kopatz, Michael: „Achtsam leben", a.a.O., S. 597.

Lauster, Peter: „Wege zur Gelassenheit", Reinbek 1986.

Lucas, Rainer: „Kreisläufe schließen – Die Renaissance der Regionen", in Studie „Zukunftsfähiges Deutschland", a.a.0., S. 395 ff.

Meyer-Abich, Klaus Michael/Müller, Michael: „Stellt euch vor, jeder fängt mit der Umweltpolitik bei sich selbst an", in *Frankfurter Rundschau* Nr. 175/30.07.1994.

Sachs, Wolfgang: „Ökologischer Wohlstand", in Studie „Zukunftsfähiges Deutschland", a.a.O., S. 216 ff.

Silva, Bonnie J.: „Meine Geschichtsstunde", in „Weisheit der Indianer", München 1995.

Standing Bear, Luther, Ebd.

Welzer, Harald: „Blindflug durch die Welt", in *Der Spiegel* 1/2009.

Der Garten – Erlebnis und Traum

Der Spiegel 27/1987: „Auge oder Verstand" , S. 59.

Hesse, Hermann: „Im Garten", Hrsg.: Volker Michels, Frankfurt a. M 1992.

Kropf, Peter, im Editorial des Journals *Weinlese*, Nr. 14/2009.

Grünes Wachstum – Das überforderte Wirtschaftskind

Bundesministerium für Umwelt: Angaben zum prozentualen Anteil der erneuerbaren Energien an der Stromerzeugung, in *Oberhessische Zeitung*, 08.02.2010.

Eurostat: Economy-wide Material Flow Accounts and Indicators of Resource Use for the EU-15: 1970-2001; Luxemburg, Wien 2004.

Jäger, Jill: „Was verträgt unsere Erde noch?", Frankfurt a. M. 2007.

Luks, Fred: „Wachstum oder Wohlstand", in Studie „Zukunftfähiges Deutschland", a.a.O., S. 91 ff.

Posen, Adam, in *Der Spiegel* 7/2007: „Zeit für eine Revolution".

Roland Berger: Umsatz der Umweltindustrien und Weltmarktanteile deutscher Anlagenbauer, in *Der Spiegel* 50/2009: „Das teure Wirtschaftswunder".

R W I: Angaben in *Der Spiegel* 38/2010: „Der teure Traum von der sauberen Energie".

Weimann, Joachim, in *Der Spiegel* 50/2009: „Das teure Wirtschaftswunder".

Wirtschaft ohne Wachstum

Binswanger, Hans Christoph: „Die Wachstumsspirale", Marburg 2006.

Gesell, Silvio: „Die Reformation des Münzwesens als Brücke zum sozialen Staat", 1891.

Gottlieb Duttweiler Institute (GDI): „Überleben im Age of Less", Bericht des GDI über seine 58. Handelstagung, 2008.

Uchatius, Wolfgang: „Wir könnten auch anders", in *Die Zeit* Nr. 22/20.05.2009.

Wuppertal Institut für Klima, Umwelt, Energie: „Zukunftsfähiges Deutschland", a.a.O.

Der Aufklärer – Bildung und öffentlicher Diskurs

Der Spiegel 39/2009: „Der Kult ums BIP", S. 81.

Wiegandt, Klaus, in „Ja, ich war einer der Sünder und Verbrecher", Interview in *Greenpeace Magazin* 2/2009.

Wiegandt, Klaus: „Handeln – aus Einsicht und Verantwortung", Vorwort zu Jill Jäger: „Was verträgt unsere Erde noch?", Frankfurt a. M. 2007.

Das bessere Leben

Jonas, Hans, in „Dem bösen Ende näher", in *Der Spiegel* 20/1992.

Luks, Fred, zum Verhältnis Geldreichtum – Glücksempfinden, in Studie „Zukunftsfähiges Deutschland", a.a.O., S.111.

Thoreau, Henry David: „Walden", Berlin 1949/Köln 2009.